Michael Vetter

Seinserfahrung
Das Buch von der Liebe zum Leben

LIEBES-ERKLÄRUNG

*Ich kann mir nicht helfen:
Ich liebe das Leben.
Ja, ich meine es so,
wie ichs sage:
Das Leben liebe ich,
wie auch immer: das nackte Leben,
und immer wieder aufs neue
frage ich es ängstlich:
Wirst du mir treu bleiben?
Ewig??
Über alle Tode hinweg???*

*Eine Frage, deren Hintergrund
aus Zweifel, Eifer und Sucht
mich rasend machen kann.
Und beinahe zu gleicher Zeit
gerate ich in Verzückung darüber,
wie dieses Leben zu leben versteht.*

*Da, wo es mich lebt,
komme ich natürlich allzuleicht
wieder ins Nörgeln.
Ich bin ihm einfach zu nah.
Zu oft meine ich,
alles besser zu wissen.
Aber da, wo ich über die Begeisterung,
das Sein als Leben zu erfahren,
mein Wenn und Aber vergesse,
da ist es einfach: wunderbar.
Kritiklos lasse ich mich fallen
in die Wahrheit hinein,
die mich gerade nimmt,
und fallend nehme ich wahr
die Fülle der Ein- und Zufälle
in unermüdlichem Anfängertum.*

*In diesem Sinne ist dieses Buch hier
eine Sammlung von Liebes-Erklärungen.
Von Erklärungen der Liebe zum Leben*

*in all seinen wunderbaren Weisen zu sein.
Eine Sammlung von Einblicken in Seins-Weisen,
in Weisen: in Lieder des Seins.
Und es kommt mir so vor, als gäbe es
letzt- oder erst-endlich
überhaupt nichts anderes zu tun
und als ginge alles andere darin auf,
dem Leben, dem Sein, durch sich selbst
seine Liebe zu sich selbst zu erklären.*

*Natürlich, es gibt immerzu immer wieder
so vieles Wichtige, Nötige, Notwendige,
es muß auf die Barrikaden gegangen werden,
es muß gerettet werden, es liegt
so ungefähr alles im argen.
Aber man merkt: wie sehr die Liebe darunter leidet,
wie sie zu kurz kommt darüber,
daß immer an die großen Operationen der Rettung
gedacht und um sie gestritten werden muß.*

*Die Liebe sehnt sich danach,
sich unmittelbar zu ereignen,
sie sehnt sich nach den Verliebten,
die über ihr alles stehen und liegen lassen,
um sich in sie hinein vertiefend,
in ihr Spiel, in ihren Atem, in ihr Leuchten,
zu vergessen . . .
was heißt: ihr, der Liebe,
die Entscheidungen zu überlassen,
der Liebe, die letztlich die Klügste ist,
von allem und allen,
und derart allgegenwärtig,
daß man ihr als Verliebter, als Liebender
tatsächlich trauen darf.*

*Die Liebes-Erklärung ist bereits der Liebes-Akt.
Das sagt Wesentliches über den Akt, die Tat,
und zugleich über die Erklärung, das Wort:
Der Akt ist eine einzige große Erklärung.
Die Erklärung ist ein einziger großer Akt.*

*Und auch die Gleichung von Wort und Lied
möge zu denken geben: das Lied besinnt sich
auf das, was es sagt, und das Wort auf das,
was es ist.*

Michael Vetter

Seinserfahrung
Das Buch von der Liebe zum Leben

Edition esotera

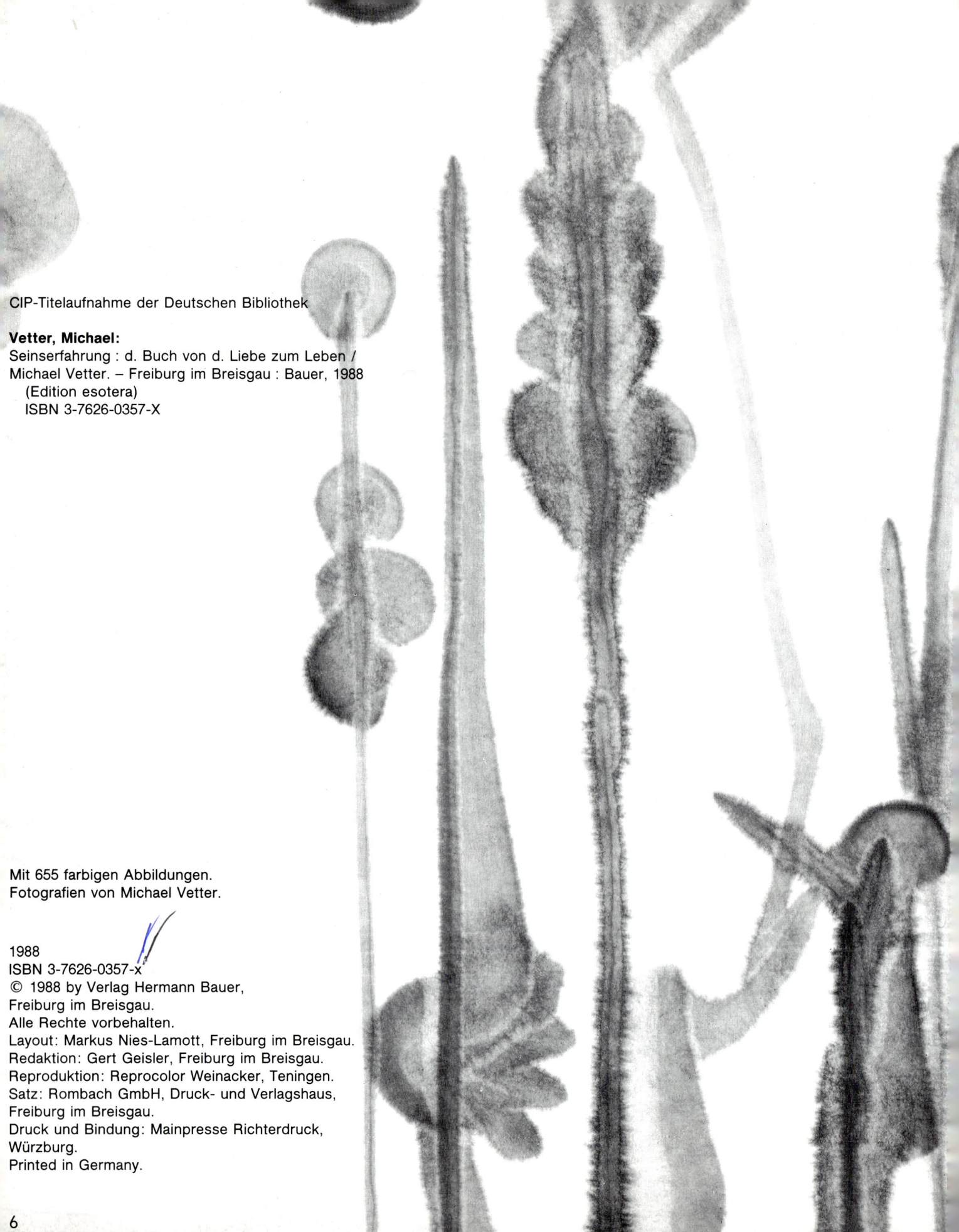

CIP-Titelaufnahme der Deutschen Bibliothek

Vetter, Michael:
Seinserfahrung : d. Buch von d. Liebe zum Leben /
Michael Vetter. – Freiburg im Breisgau : Bauer, 1988
  (Edition esotera)
  ISBN 3-7626-0357-X

Mit 655 farbigen Abbildungen.
Fotografien von Michael Vetter.

1988
ISBN 3-7626-0357-x
© 1988 by Verlag Hermann Bauer,
Freiburg im Breisgau.
Alle Rechte vorbehalten.
Layout: Markus Nies-Lamott, Freiburg im Breisgau.
Redaktion: Gert Geisler, Freiburg im Breisgau.
Reproduktion: Reprocolor Weinacker, Teningen.
Satz: Rombach GmbH, Druck- und Verlagshaus,
Freiburg im Breisgau.
Druck und Bindung: Mainpresse Richterdruck,
Würzburg.
Printed in Germany.

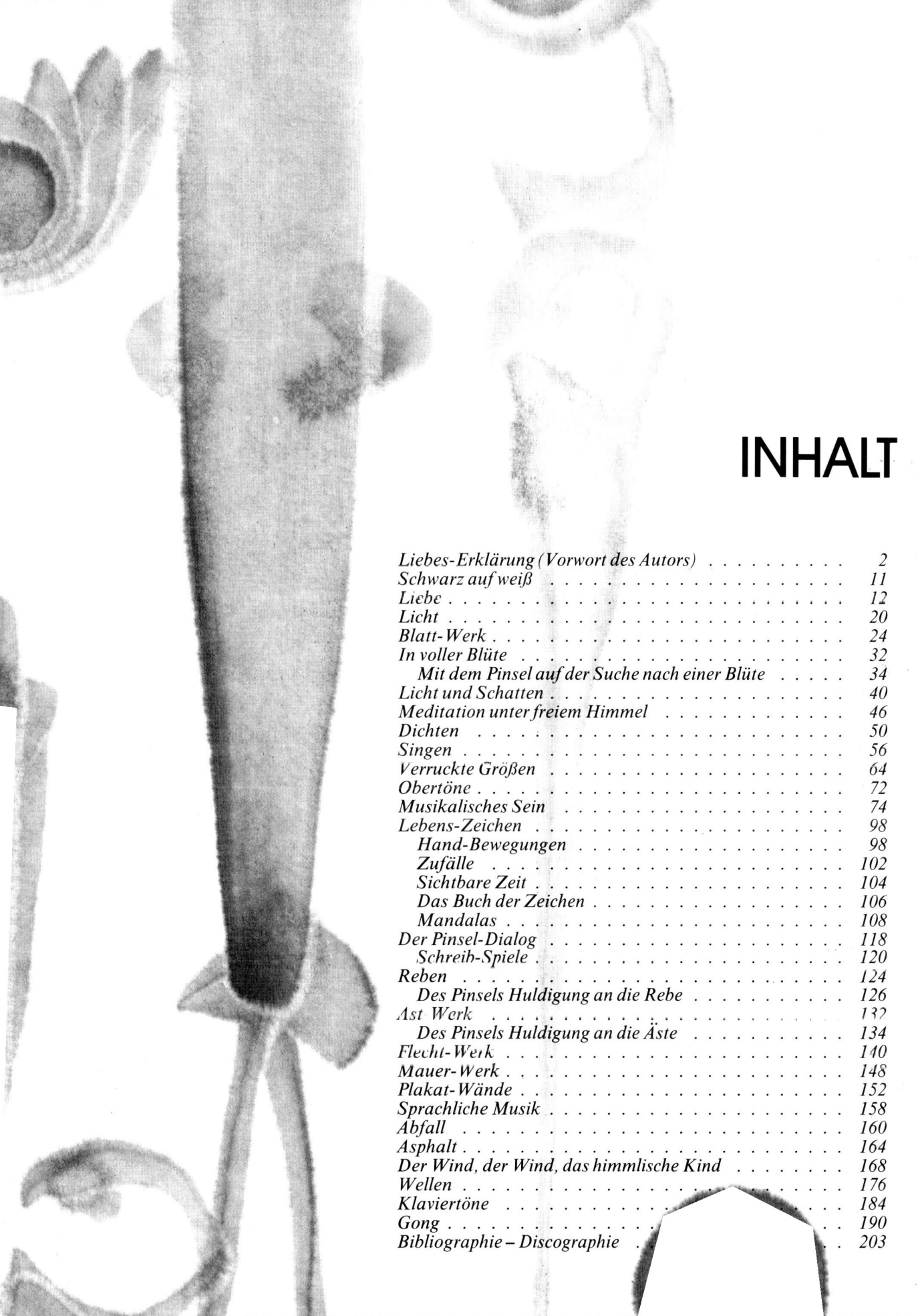

INHALT

Liebes-Erklärung (Vorwort des Autors)	2
Schwarz auf weiß	11
Liebe	12
Licht	20
Blatt-Werk	24
In voller Blüte	32
Mit dem Pinsel auf der Suche nach einer Blüte	34
Licht und Schatten	40
Meditation unter freiem Himmel	46
Dichten	50
Singen	56
Verrückte Größen	64
Obertöne	72
Musikalisches Sein	74
Lebens-Zeichen	98
Hand-Bewegungen	98
Zufälle	102
Sichtbare Zeit	104
Das Buch der Zeichen	106
Mandalas	108
Der Pinsel-Dialog	118
Schreib-Spiele	120
Reben	124
Des Pinsels Huldigung an die Rebe	126
Ast-Werk	132
Des Pinsels Huldigung an die Äste	134
Flecht-Werk	140
Mauer-Werk	148
Plakat-Wände	152
Sprachliche Musik	158
Abfall	160
Asphalt	164
Der Wind, der Wind, das himmlische Kind	168
Wellen	176
Klaviertöne	184
Gong	190
Bibliographie – Discographie	203

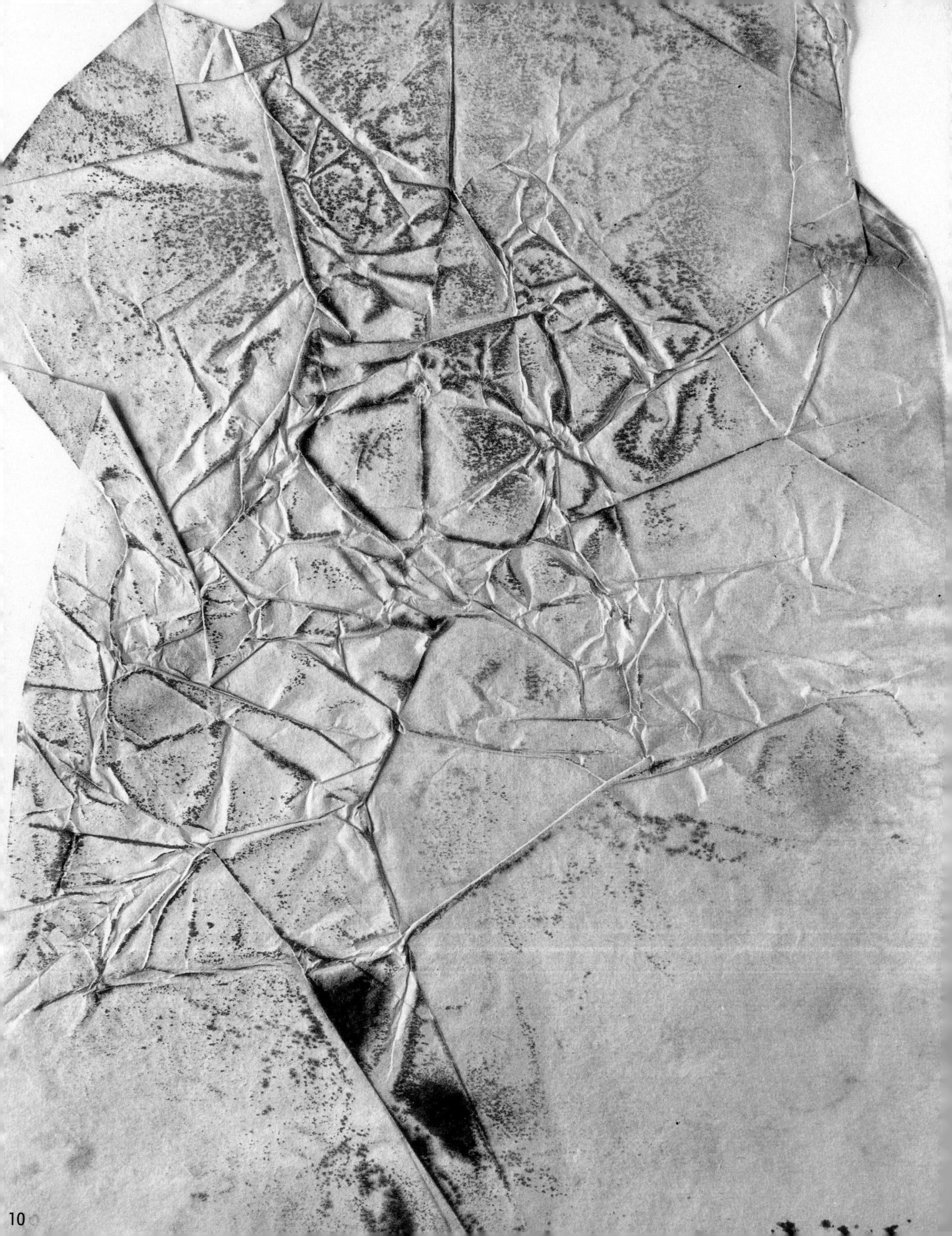

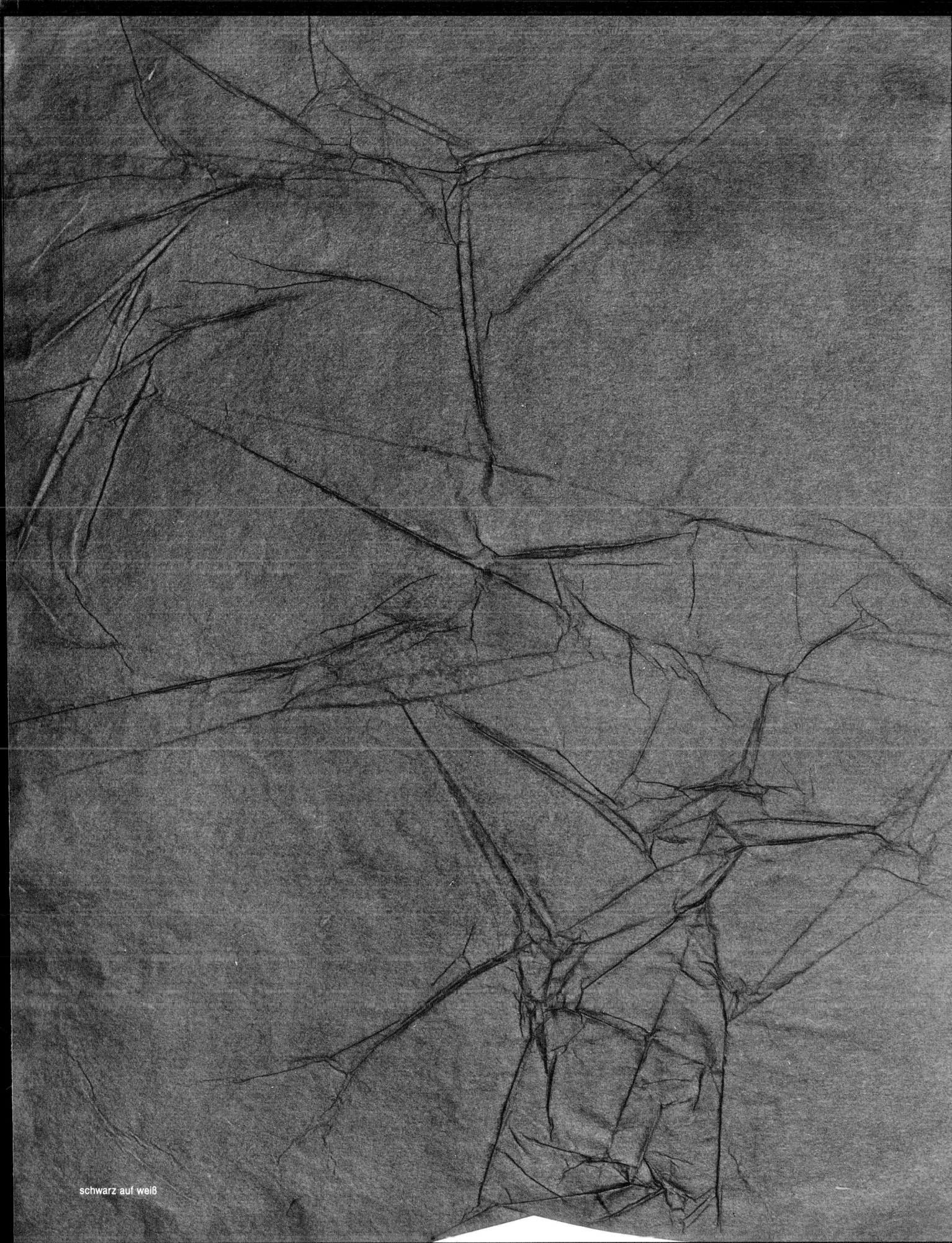
schwarz auf weiß

LIEBE

„Werde ich wirklich wieder geboren werden,
wenn ich gestorben bin?
Kann ich ganz sicher mit Mama und dir zusammen sein,
auch mit Mieze,
wenn ich gestorben bin, und ihr lebt noch,
oder wenn ich lebe, aber ihr seid gestorben . . . ?
Brauche ich mich nicht zu sorgen??" – „Doch. Sorge dich!
Lausch in deine Fragen hinein, und dahinein, wo sie herkommen,
in deine Sehnsucht . . . mit der ganzen Kraft deines Sorgens,
so lange, bis du die Antwort erfahren hast."

„Wie komme ich mit der Innigkeit meiner Gefühle nur
durch meinen harten Panzer hindurch?"
denkt der dicke blauschwarz glänzende Käfer,
während er von rückwärts seine Freundin umarmt.

Die Haut deines Rückens
zwischen den Rücken aus Stein . . .
Irgend etwas streichelt in diesem Augenblick beides
und ich spüre dieses Etwas in meiner Seele
und es läuft mir kalt den Rücken herunter
und Tränen steigen mir in die Augen.

In den Händen des Buddhas aus Stein
die Schale mit ein paar rostenden Münzen.
Leuchtendes Orange legt Zeugnis ab
vom Wandel der Werte.
Mein Gott, was läßt du dich umwerben,
ehe du dich zu erkennen gibst,
dir selbst,
als deinem Geliebten . . .

Die gelbe Blume
mit ihrem hocherhobenen Mandalagesicht
weist entschlossen in die Sonne,
so deutlich, so selbstbewußt,
daß du dich verwirrt fragst,
wo oben ist und wo unten.

Wie auch immer – bei deinen Füßen fange ich an.
Wer weiß, ob du mir überhaupt jemals erlauben willst
mehr als deine Füße zu berühren.
Selbst von denen schüttelst du mich ja noch oft genug ab,
aber öfter noch nimmst du mich auf ihnen in Kauf,
und kannst ja auch gar nicht anders,
denn wie solltest du gehen mit ihnen,
ohne mich – Staub – wenigstens zeitweise zu billigen.

Irgendwo liegen, wach, mit geschlossenen Augen,
alles loslassen,
nichts mehr wissen, nichts mehr haben, nichts mehr wollen,
sprachlos, gedankenlos wach
hineinlauschen in den Grund des Seins.
Was mir lieb ist und unersetzlich erscheint,
merke ich in diesem tiefsten Grunde geborgen,
zu Hause, aufgehoben,
bereit, mich zu empfangen.

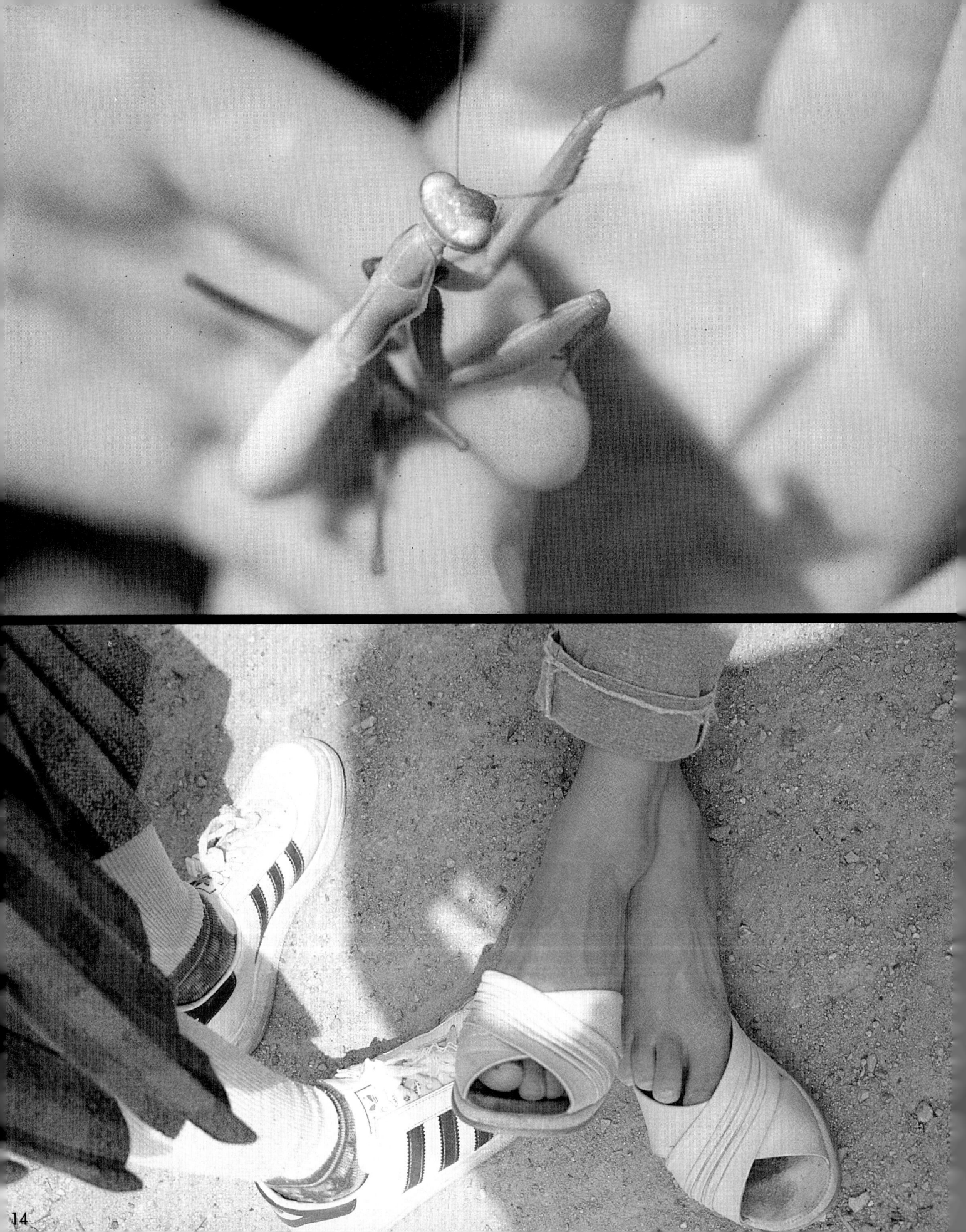

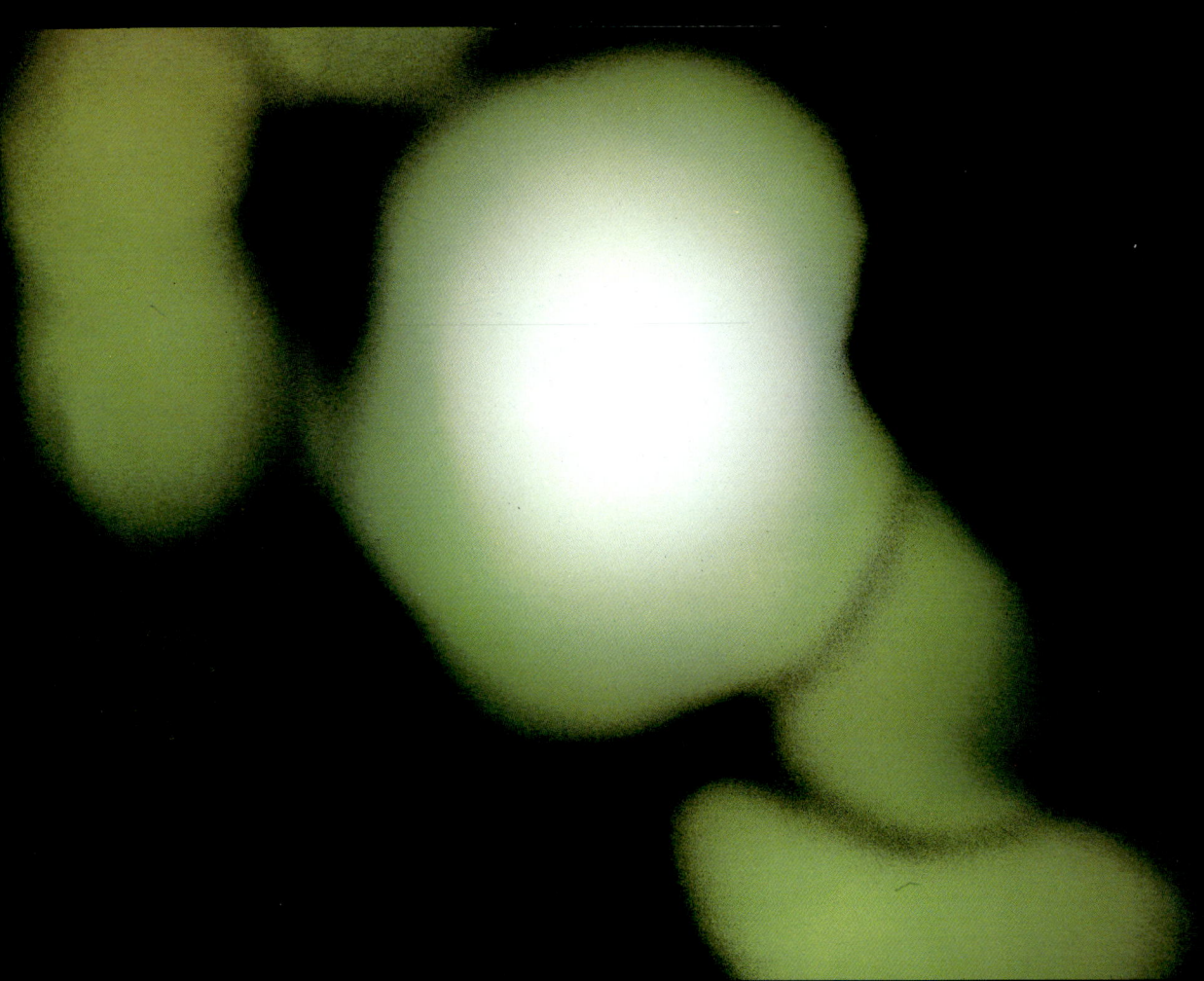

LICHT

Ich liebe das Licht!
Ich schaue und schaue, selbstvergessen, weltverloren . . .
Das Licht. Das Licht.
Nichts kann mich mehr treffen,
denke ich, die Augen geschlossen, im Dunkeln liegend.
Und schon hat sich
als Licht das Licht erübrigt.

Die Welt – eine einzige große Illusion.
Was für eine Enttäuschung! dachte ich,
nein: was für eine Unverfrorenheit, was für eine Frechheit,
mir mit sowas zu kommen!
Und welche Dummheit,
so einen Satz einfach leichtfertig nachzubeten.

Aber dann kam die Realität, real, wie sich's gehört für sie,
über mich, unverhofft,
wie in unabsehbarer Wüste eine Brandungswelle,
und aufgehoben in ihr
stellte sich nun auch die Illusion
als relativ realistisch heraus.

*Eine tolle Illusion ist das! Ein wirklich fabelhaftes Gefüge
in- und auseinanderwirkender Wesentlichkeiten,
denn alles, was sich im Gewölk der Illusionen ereignet,
ent-spricht ihrem Grund,
wie das Spiel der Schatten dem Spiel des Lichtes.*

*Schattenspiele. Kräftespiele.
Vom Glauben an die Realität des Gegenständlichen herkommend
ist es geradezu qualvoll, dessen illusionäre Qualität anzunehmen.
Von der Gewißheit der Schöpfung aus dem Nichts beseelt
erklärt dagegen das Wort von der Illusion
den Zusammenhang und die Wandlungsfähigkeit,
die Relativität der Dinge.*

*Und insofern die Idee von der Realität des Grundes
selbst wieder Illusion ist, weil
Idee, Gedanke, Geländer zum Festhalten,
und insofern andererseits die Idee von der Illusion irreführt,
sobald man sie als unverbindlich verachtet,
wo doch Verbindlichkeit das Wesen von Relativität ist,
erledigt sich die Unterscheidung von Illusion und Realität
im Leben der Lebendigkeit des Lebens.*

*Licht reicht bis in die tiefsten Tiefen des Dunkels,
Dunkel reicht bis in die hellste Helligkeit des Lichtes.
Beides miteinander verbunden spielt
das Liebes-Spiel der Schöpfung, dessen Grund,
ohne daß er sich von Licht und Dunkel beschreiben ließe,
jeden Augenblick mit seiner Ewigkeit erfüllt.*

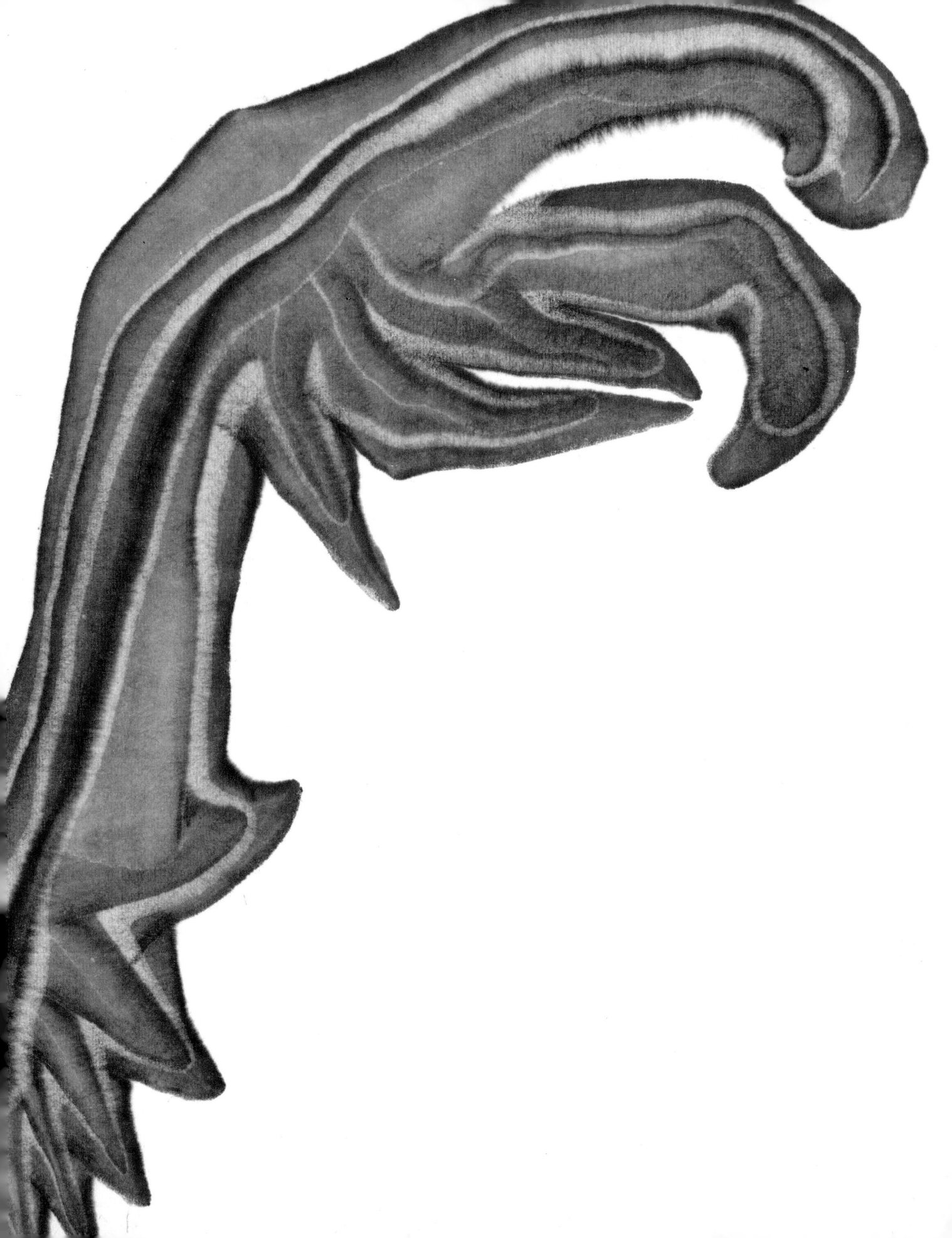

BLATT-WERK

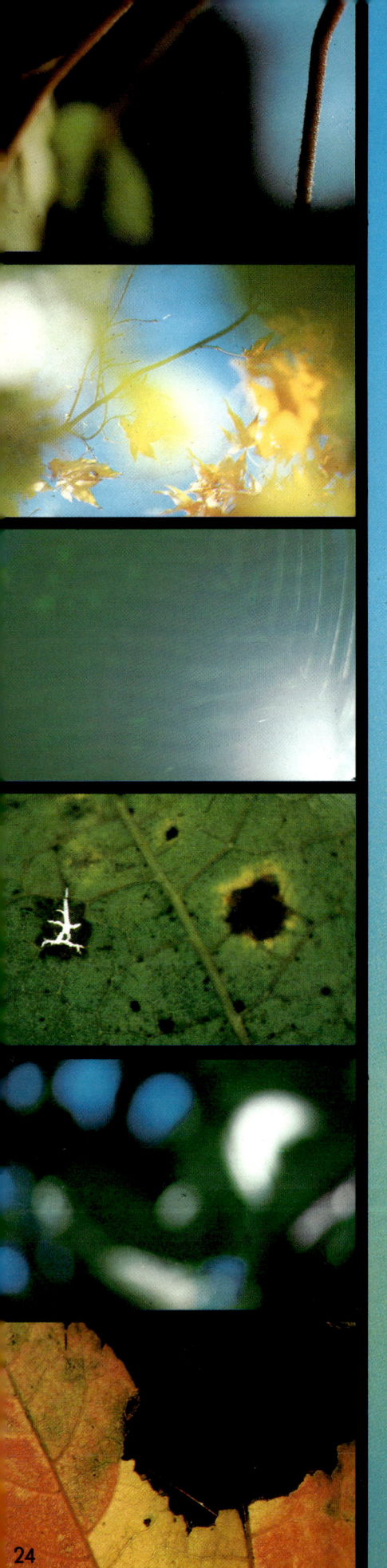

*Blätter leben von Licht,
und wir leben davon, daß die Blätter von Licht leben.
Photo-Synthese heißt diese Weise, sich als Pflanze zu sättigen,
fällt mir ein, da ich mich auf das Fotografieren als Zen-Kunst besinne.
Man nehme eine Spiegelreflex-Kamera mit Makro- oder Mikro-Linse,
stelle auf voll geöffnete Blende, also geringste Tiefenschärfe ein
und lasse seinen Blick – das Auge am Sucher – durch den Blätterwald wandern.
Den Entfernungsregler benutze man nicht als Scharfmacher,
sondern als Instrument für die Musik der Unschärfe-Relationen.
Der Spiel-Raum vom total Verschwommenen bis zum Messerscharfen
ist um so größer, je vielschichtiger belebt der Raum ist, in den man schaut,
und je weiter man sich ihm nähert.*

*Was es gegenständlicherweise zu sehen gibt, ist eigentlich gleichgültig.
Gab sich ein Baum oder Busch mir einmal mehr oder weniger zufällig
als Licht zu lesen, ließ ich nicht ab, ihn immer wieder zu besuchen. Das Sehen orientiert
sich weder an biologischem Interesse noch an einer Ästhetik der Gegenstände, sondern –
als gäbe es weder Wissen noch Dinge – am Licht-Spiel unmittelbar.*

*Ich habe lange gebraucht bis zu meiner ersten
bewußt bis in den letzten Winkel hinein unscharfen Fotografie.
Das sind Bilder, keine Fotos, belehrte mich der Fachmann.
Na ja. Gut. Aber schau dir mal jahrelang das Licht durch die Linse an,
so lange, bis du über seiner Herrlichkeit die Dinge vergißt . . .*

*Meditative Fotografie verlangt ungegenständliches Sehen.
Das Licht, vom Auftrag befreit, die Dinge sichtbar zu machen,
läßt sie gewähren als Gelegenheit, sich auszulegen. Licht bekennt Farbe, und Bewegung.
Die Dinge, denen das in dir aufgeht, beginnen zu tanzen –
statt sich selbst voneinander abgrenzend zu behaupten,
suchen sie einander zu meinen – sich in ihrer Verbundenheit zu erfahren.*

*Natürlich machst du das nicht aus therapeutischen Absichten,
und doch oder gerade deswegen: Wie heilsam ist dieses Sehen!
Was kann wohler tun als ganz einfach aufzugehen in der Freude am Licht,
in seiner ganzen atemberaubend schöpferischen Vielfalt?!*

*Du erlebst die klare Erkennbarkeit und scharfe Umrissenheit der Dinge neu
im Zusammenspiel mit der dinglosen Lichtheit des Ganzen.
Die Schwere der Bedingtheiten des Lebens erfährt sich aufgehoben
in der Leichtigkeit des Un-Bedingten.*

*Wenn man dann vom Sucher aufschaut, ist der Hals zwar steif
(was sich vermeiden läßt, wenn man sich unter den Busch legt,
den man in den nächsten zwei, drei Stunden fotografisch zu erleben gedenkt),
aber man hat ein wundervoll-beglückendes Gefühl, dazuzugehören
zur Welt des Lichtes.*

*Überflüssig, fast, zu sagen, daß der wahre Anfänger am Ende
des Foto-Apparates nicht mehr unbedingt bedarf,
so gern er ihn weiterhin auch benutzen mag.
Mehr und mehr lernt er, sein Sehen zu erleben und sehend zu spielen.*

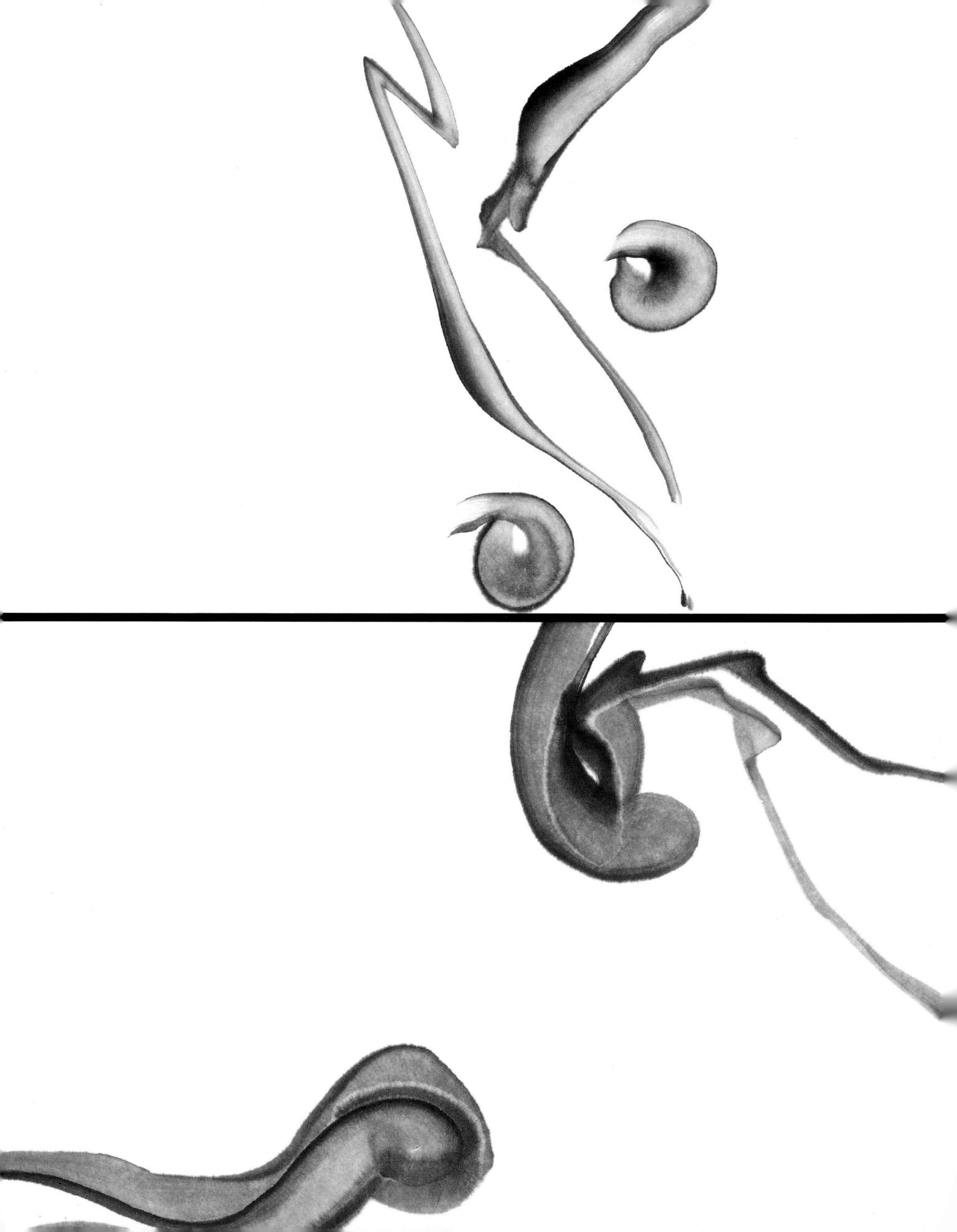

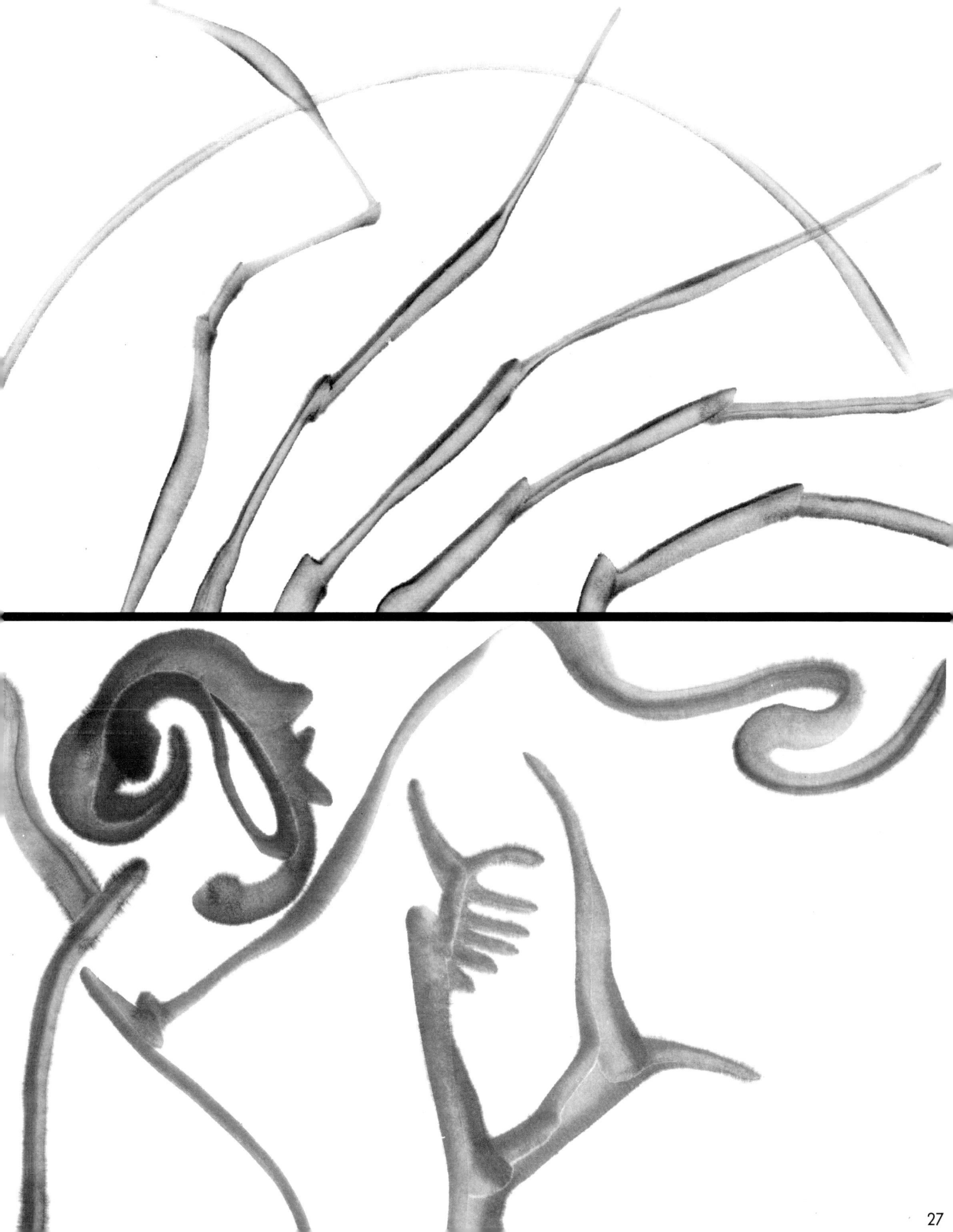

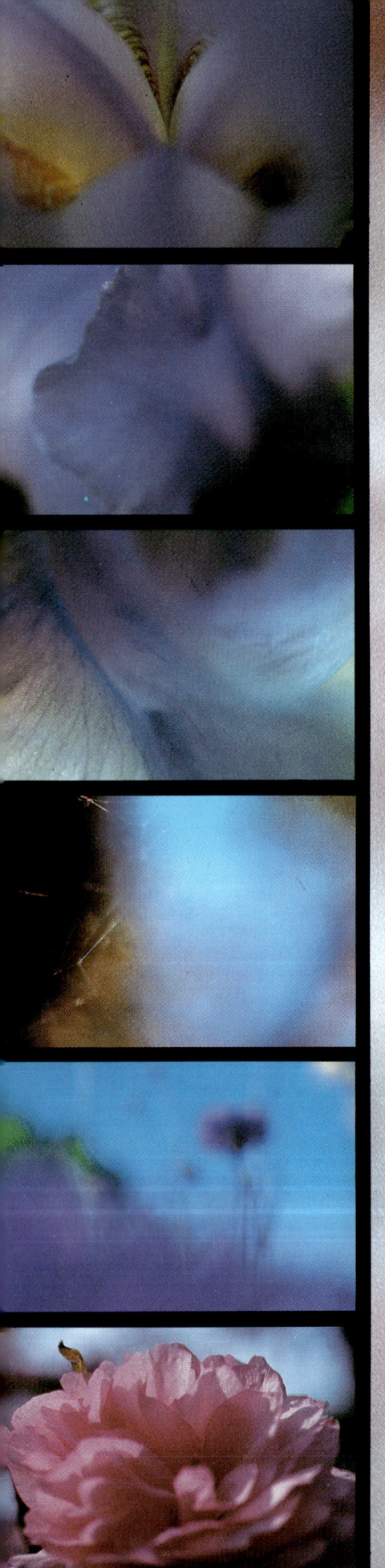

IN VOLLER BLÜTE

Blüte, du Gegenhimmel!
Ja, blau, so blau bist du,
daß in dir versunken
das Unterste sich zu oberst kehrt.
Ein Glück, daß ich
als Schmetterling zur Welt kam,
so darf ich dich trinken
ganz und gar mir zuliebe.

Nein, ich bin nicht gut.
Ich bin einfach ich.
Ohnehin vom Leben betrunken,
kann ich's einfach nicht lassen
mich an dir zu berauschen,
blaue Blume!

Andre versuchen's in Gelb.
Auch das zieht unweigerlich.
Gelb schien mir, dem Blinzler, schon immer
die Sonne, gelb-weiß,
weißgelbviolett,
weißgelbweißviolettgelb – gelbgoldblauweiß,
beide Augen je für sich
blinzeln das Blinzelspiel
aufs Allerfeinste dich
in der Luft zerstäubend.
Zwei Lichtspiele, eins rechts, eins links,
durchwirbeln sich in himmlischen Blütengenesen.
Irgendjemand, goldne Sonne,
wird heute geboren werden.

Es heißt, ich sei rotgrünblind.
Aber nein: die Wiese grünt auch mir,
und manchmal knallt das Rot dermaßen,
daß auch ich was von abkriege.
Und dennoch: rote Blumen
vermögen mich nicht so recht neugierig zu machen.
Es sei denn, mich inspiriert
diese typisch rote Farblosigkeit.

Weiß aber, weiß, das ist's!
Die Kirschbäume, der riesige Flieder,
gegen blauen Himmel
erleuchten sie mich wie Gewölk,
das mich placiert als Kondensation
aus heiterem Himmel.

Und andrerseits: weiß wie Jasmin, also
im tiefen Grün des Gebüschs beinah versteckt,
und doch nicht minder, nur auf ganz andere Weise:
mich an-himmelnd: erdig, kühl, duftend . . .
Ja, jetzt ist jetzt, wann auch immer.
Ich gebe nach! Hier bin ich. Nimm mich mit!

**MIT DEM PINSEL
AUF DER SUCHE NACH EINER BLÜTE,**
*die ich womöglich selbst bin,
auf Reisen
in blühendem Schrift-Zug.*

*Immer wieder suche ich,
nachzumachen,
am liebsten tät ich Blümchen malen,
oder eben Linien, einfach sooooooooo,
ohne jede mich verplanende Aufgabenstellung.
Und doch, auf etwas hinsteuernd,
was zwar ganz sicher noch
völlig unbegreiflich,
völlig rätselhaft ist,
aber andrerseits längst in zahllosen Bildern
in mir sich erinnert:
die Bilder wetterleuchten
im Blütenfest aller
sich zufällig ergebenden
Lebens-Formen.
Alles ist Blüte – in Blütenland.*

*Rund, das soll nicht als Form
plumperdings landen, sondern
es soll sich ereignen,
Nichts als Sich umrundend
auf tarnenden Umwegen.
Wer das Rad zu sehen vermag,
wird es überall sehen,
und alles in ihm, auch die schärfste Ecke,
und so viel Eckiges überhaupt . . .*

*Doch Blume ist auch
dieses Stillhalten,
dieses Anschauen,
dieses Sich-einfach-freuen,
diese unbesorgte Schönheit,
dieser Pollen-Überfluß,
diese Fülle an materialisiertem Licht
angesichts dieses Sonnenhimmels heute
(daß es regnet, tut nichts zur Sache).*

*Blume bin ich, von Beruf,
Berufsblume sozusagen, aus Leidenschaft.
Klar bin ich stolz auf mich,
was hätt' ich denn sonst?!
Aber dieses Ich,
das so ganz besonders zentriert ist,
zu sehr, meinen manche schon,
ist längst dabei, sich zu opfern
auf dem Scheiterhaufen
jahreszeitlicher Inquisition.
Ja, ich verbrenne bei lebendigem Leibe,
und bei wie lebendigem!
Und wirklich, oh Himmel, unter Schmerzen
gelingt es mir, deinem göttlichen Ich
durch die Flammen hindurch
das meine menschliche
zum Fraße zu überlassen,
wacher und wacher.*

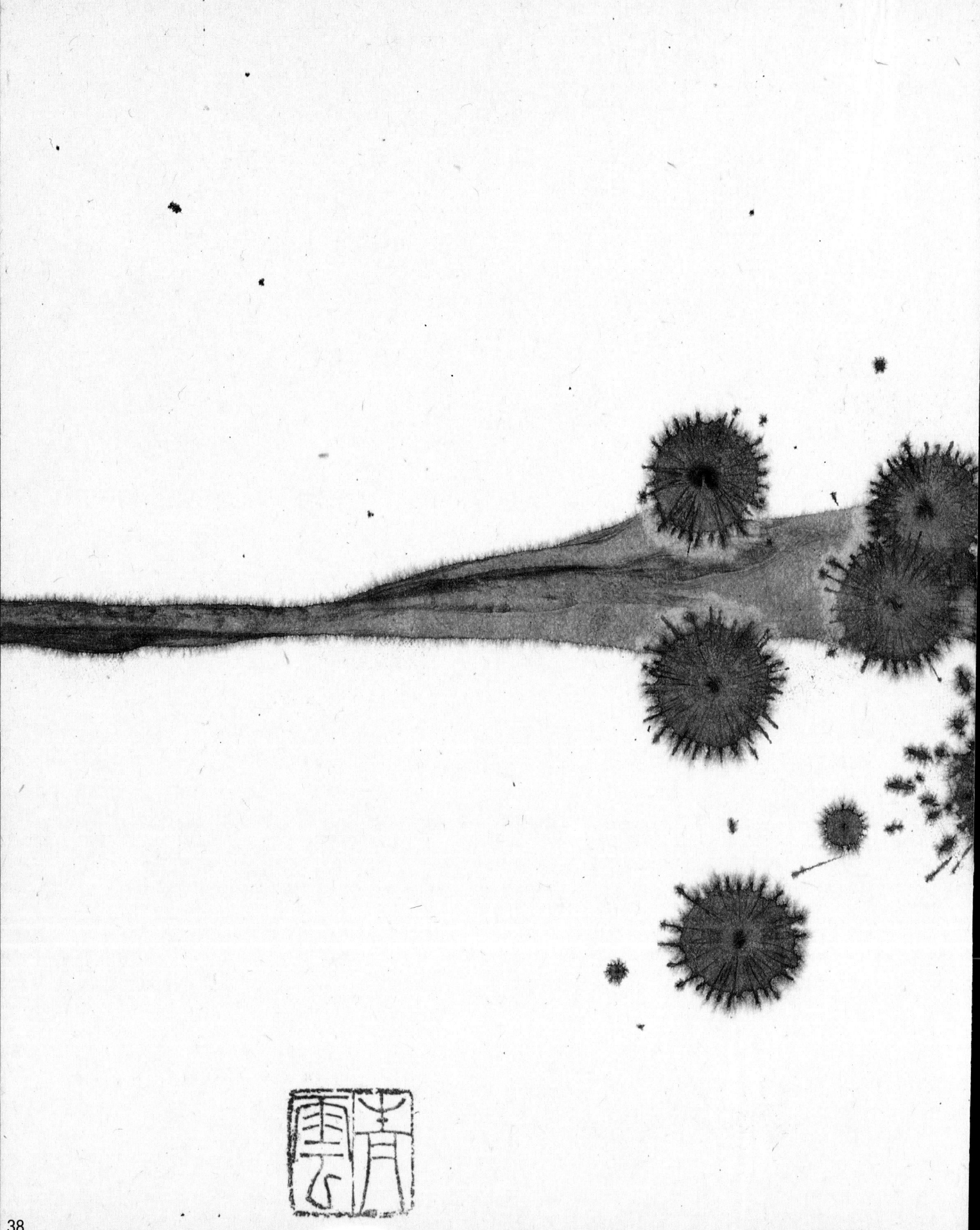

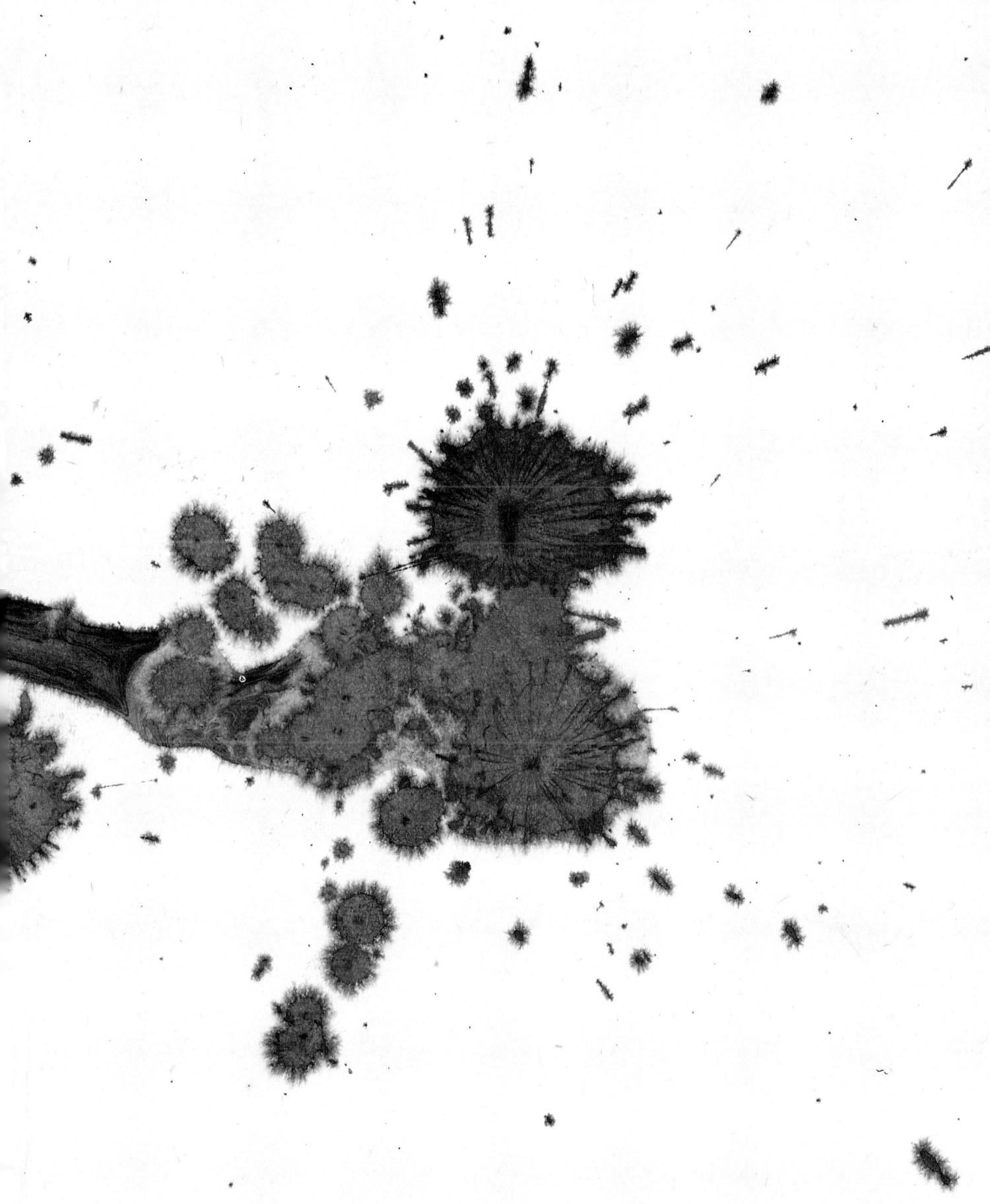

LICHT UND SCHATTEN

Wie kühn, wie furchtsam, wie fürchterlich,
wie besserwisserisch, wie klug (und edel), wie streng,
wie auf der Hut und wie behütend und wie behutsam
behaupten sich im Volksmund der Intelligenz
Licht und Schatten als Gegensatzpaar.

Unter dem schützenden Dach eines Baumes sitzend,
eines völlig unschuldigen und noch lange nicht letzten,
frag ich mich, ob es denn nicht auch im Schatten
noch hell genug ist, die Welt als Licht zu sehen?
Ja, sieht man nicht in mäßiger Helle bei weitem klarer
als unmittelbar der blendenden Fülle des Lichtes ausgesetzt?

Schatten spielt. Denn wirklich höchst selten
ergeht es den Dingen unseres geliebten Lebens so
wie der besagten Mondseite, die nie die Ehre hat,
der Erde direkt ins Antlitz zu schauen.
Was beweglich ist, sorgt ganz von selbst dafür,
allseits von Schatten und Sonne das Beste abzubekommen.
Und dieses Spiel des Ausgleichs geht natürlich
nicht immer nur einfach so vor sich, wie eine Kugel sich dreht
(was schon für sich genommen genug des Wunders wäre),
vielmehr: die Beweglichkeiten des Lebendigen tanzen
Schöpfung: unvorhersehbar und unberechenbar.

Wie Blätter einander schattierend sich mitteilen,
während ich in ihrem Schatten stehe,
um durch sie hindurch das Licht der Sonne
grüngelb im Blauweiß des Wolkenhimmels
mich treffen zu lassen . . .

Wie ihre Schatten im Gesicht des Menschen spielen,
und Bilder malen in sein Lachen hinein, das mich anstrahlt . . .

Wie Menschen und Dinge,
in der Festigkeit ihrer Körper noch klar voneinander abgegrenzt,
sich als Schatten in ein gemeinsames Ganzes vereinen,
dem es nicht mehr ankommt auf Ein- oder Zwei- oder Mehrheit . . .

Wie die Fahrräder, geduldig wartend,
sich wie komplizierteste Sonnenuhren
über die Verwandlung der Zeit im Räder-, Stangen- und Sattelwerk
lustig machen . . .

Wie stille Dinge, selbst kaum mehr als Schatten,
leicht übersehbar, nur dienend vorhanden,
ihr Abbild auf dem Boden in sich hineinholen
zu heimlichem Zwiegespräch . . .

Das Licht hat sich den Schatten gegönnt, der Schatten gehört ihm
(doch: auch umgekehrt, aber vor allem so rum).
Das Licht liebt es schattig. Ich kann's ihm nachfühlen.

Der arme Schatten, er wird so leicht mißverstanden
hinsichtlich der Rolle, die er im Licht spielt.
Man nimmt ihn so gerne absolut im Welttheater der Seele:
mal soll er den Bösen spielen, mal den Helden,
mal den Unverstandenen, mal das Verborgene.

Doch doch, auch das Gerede vom Licht kann einem
ganz schön auf die Nerven gehen.
Spiritualität wird zur Schnulze,
die man aus sanften Leissprechern schlürft.
Gottes-Beweise werden feierlich herbeizitiert und untermauert.
Zeigefinger werden erhoben und angestrahlt,
Ernst ist die Miene.
Oder es wird sich losgelassen noch und noch,
und die Finger wissen gar nicht mehr,
was sie als Greifwerkzeuge noch zu tun haben sollen,
und die Muskeln schwinden dahin,
während den Flügeln das Wachsen einfach nicht einleuchtet.
Vorsicht! „Alles Schöne ist nur des Schrecklichen Anfang!"
Die Sonne ist heiß, und das Licht ist kalt.
Das Jesulein ist nicht süß, und Gott ist kein Trost,
vielmehr: er ist.

Schatten, doch, bitte! Schatten, in den ich mich setze,
um, im Freien, meine Haut vor der Sonne zu schützen,
um das Zusammenspiel der Dinge wahr zu nehmen, zu genießen
von der anderen, der kühleren Seite.
Schatten, den die Dinge werfen, schenken
dem Licht sein Spiel, darin ich lebe.

Schatten durchscheinender Lebendigkeiten
des Wassers, des Fensters, wehender Gardinen,
des zitternd rauschenden Blätterwalds,
Schatten, darin sich Hell und Dunkel erschwingen
als Lebens-Werk des Lichtes, leuchten mich aus.

Farbschattierungen, Abstufungen, Übergänge,
Kontraste, Dichtungen, Lichtungen,
Sonnenschein und -sein.
Leuchtend knalliges Mohn-Rot, und deine Wangen,
und der Morgen, der sie streichelt.
Auch Nebel dämpft. Ich verstecke mich in meinen Mantel.

Schatten von Wolkenmassen
schenken mir die Einsicht in die feineren Unterschiede,
für die ich blind wäre in der Fülle des prallen Mittags,
den ich nichtsdestoweniger liebe, wenn mir die Unterschiede
wurscht sind, am Strand traumlosen Träumens, beim Blinzelspiel.

Dies oder jenes sei eben die Schattenseite hier- oder davon,
heißt es mit resigniert fatalistisch ergebenem Ton.
Aber was ist dann mit dem Hut, den du dir
auf der Sonnenseite aufsetzt?

Der Schatten sei das ungelebte Leben, hab ich gehört,
und frag mich, ob das Leben im Licht sich wirklich mehr lebt.
Vor allem aber: ob das Leben des Lebens
sich nicht viel eher und leichter,
ja manchmal wirklich ein wenig zu schnell und zu leicht
im Schatten behauptet.

Wo viel Licht sei, da sei auch viel Schatten,
na wenn's man nur immer so wäre, denke ich
während ich mich wundere, wie wüst die Wüste sein kann.

Ich lege die Hand über meine Augen, um Ausschau zu halten,
nach dir, Quelle.

MEDITATION UNTER FREIEM

Eigentlich sollten diese Seiten immer so etwas wie Rezepte enthalten,
klar umrissene und verständliche Vorschläge
zur Erfahrung des Seins, womöglich numeriert.
Daraus ist leider (oder zum Glück) wieder mal nichts geworden.
Vielmehr hat sich der Text nun selbst als eine
Meditation unter (mehr oder weniger) freiem Himmel herausgestellt.
Die Rezeptur ist das Mahl selbst.
Man möchte sich faul zurücklehnen, nachdem man es zu sich genommen hat.

Aber bitte sehr! In der Verdauungsphase wird sich dir herausstellen,
wieviel du tatsächlich schon immer unter freiem Himmel meditiert hast,
diesen köstlichen Augenblick eingeschlossen,
und alles Weitere an Rezepten wird sich aus dir selbst ergeben
als ein staunendes Durchleuchten deines Alltags,
und sich bewahrheiten als dein rätselhaft selbstverständliches Ich.

Während ich dies schreibe, sitze ich im Intercity nach Frankfurt.
Ich schaue aus dem Fenster und lasse die Welt an mir vorbeiziehen,
je näher meinem Fenster, desto schneller.
Die Schienen rasen wie verrückt nach Süden.
Der Kirchturm am Horizont – weiß nicht so recht . . .
doch: bleibt auf der Strecke,
während die Sonne mit mir nach Norden zieht, trotz dichter Bewölkung.

Von Zeit zu Zeit drehe ich den Kopf,
in erster Linie den Muskeln zuliebe, die ihn halten,
aber dann doch auch des Filmes wegen, in welchem ich mitspiele
in der großen Rolle des schauend Reisenden.

Wach sein ist alles. Was es zu sehen gibt, ist eigentlich gleichgültig.
Aufs Sehen selbst kommt es an, wie es sich gebärdet
angesichts dieser Fülle des Nichts. Ich werde jetzt einen Apfel essen.

In die dunkle Waldkulisse hinein, die eben noch
und jetzt schon nicht mehr mein Fenster füllt,
spiegelt sich das Innere des Wagens, darin ich sitze.
Drinnen ist draußen, draußen ist drinnen.
Ich bin müde, schließe die Augen und lasse
die Landschaften der Gedanken durch mich hindurchrauschen.

Ginge ich jetzt spazieren durch die Straßen meiner Stadt,
ich ließe ihr Zeit mit mir. Schritt für Schritt neue Aus- und Einsichten
(das Wandeln ist des Wanderns Lust, und umgekehrt . . . :
Kein Wunder, daß Japaner l und r nicht auseinanderhalten können).

Ich erinnere mich an die riesige fensterlose Hauswand,
auf die ich zu schauen pflegte, wenn es mir auf dem Schulhof zu bunt wurde.
(Wunsiedel-Hofenbrunn)
Ihre Stille vermochte auch das größte Schlachtengetümmel zu übertönen.

"S........ich nicht – lebe!" heißt das abgewetzte Buch, darin mein Gegenüber liest.
(......itz)
....ert er um. Er ist noch ziemlich am Anfang.

"......ugenblick, ich spring eben rauf in die UB und hol mir ein Buch."
"Ich warte auf der anderen Straßenseite, die liegt in der Sonne."
Als ich mich neulich (vor gut fünfzehn Jahren)
durch das Gedrängel auf der Kawaramachi-Brücke in Kyoto wühlte
(kein Halt in Neusorg),
sah ich im nicht weniger dichten Gedrängel gegenüber
einen Mönch in vollem Ornat auf dem Boden sitzend so tun als ob.
Kaum hatte ich das Tele-Objektiv auf die Kamera geschraubt,

HIMMEL

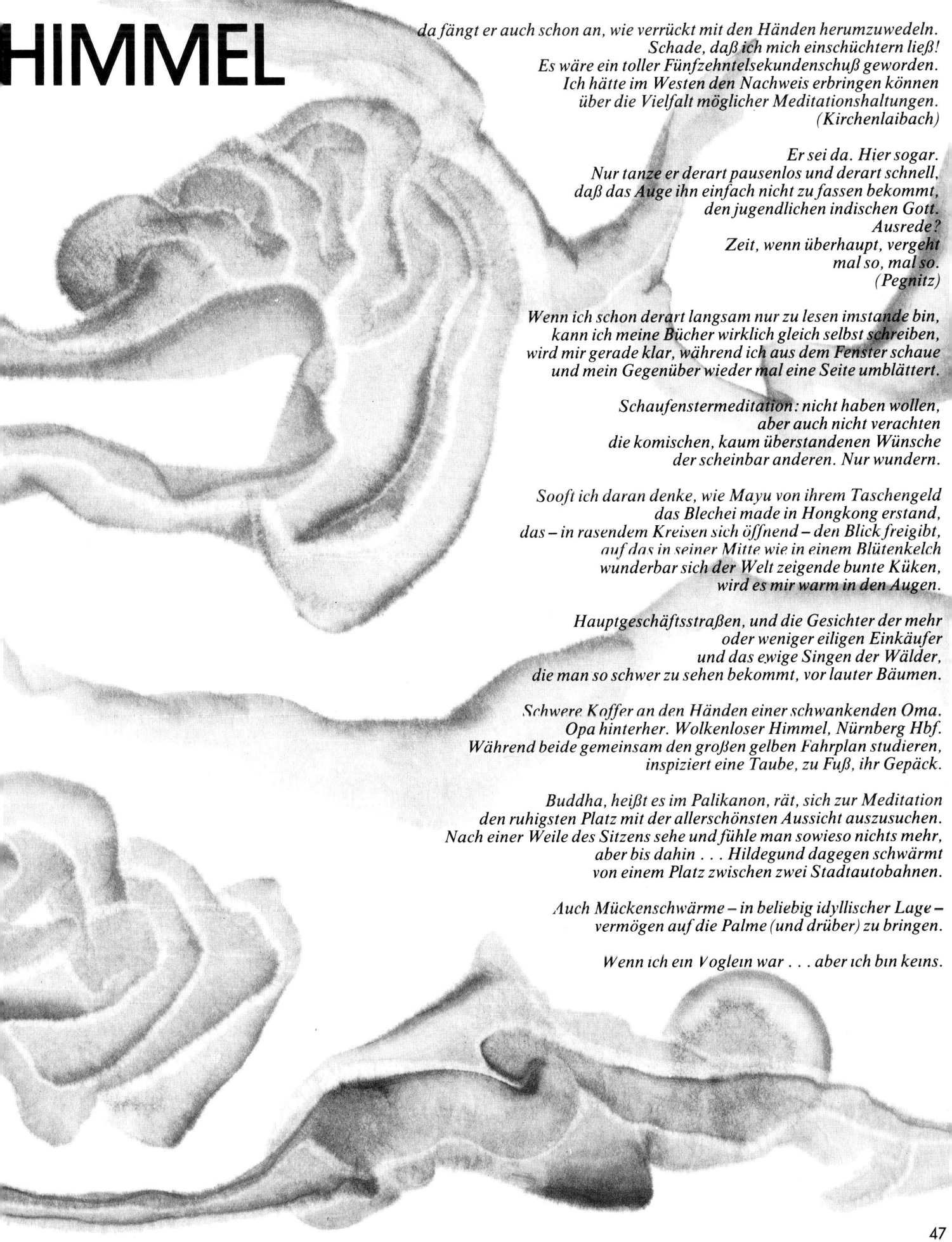

*da fängt er auch schon an, wie verrückt mit den Händen herumzuwedeln.
Schade, daß ich mich einschüchtern ließ!
Es wäre ein toller Fünfzehntelsekundenschuß geworden.
Ich hätte im Westen den Nachweis erbringen können
über die Vielfalt möglicher Meditationshaltungen.
(Kirchenlaibach)*

*Er sei da. Hier sogar.
Nur tanze er derart pausenlos und derart schnell,
daß das Auge ihn einfach nicht zu fassen bekommt,
den jugendlichen indischen Gott.
Ausrede?
Zeit, wenn überhaupt, vergeht
mal so, mal so.
(Pegnitz)*

*Wenn ich schon derart langsam nur zu lesen imstande bin,
kann ich meine Bücher wirklich gleich selbst schreiben,
wird mir gerade klar, während ich aus dem Fenster schaue
und mein Gegenüber wieder mal eine Seite umblättert.*

*Schaufenstermeditation: nicht haben wollen,
aber auch nicht verachten
die komischen, kaum überstandenen Wünsche
der scheinbar anderen. Nur wundern.*

*Sooft ich daran denke, wie Mayu von ihrem Taschengeld
das Blechei made in Hongkong erstand,
das – in rasendem Kreisen sich öffnend – den Blick freigibt,
auf das in seiner Mitte wie in einem Blütenkelch
wunderbar sich der Welt zeigende bunte Küken,
wird es mir warm in den Augen.*

*Hauptgeschäftsstraßen, und die Gesichter der mehr
oder weniger eiligen Einkäufer
und das ewige Singen der Wälder,
die man so schwer zu sehen bekommt, vor lauter Bäumen.*

*Schwere Koffer an den Händen einer schwankenden Oma.
Opa hinterher. Wolkenloser Himmel, Nürnberg Hbf.
Während beide gemeinsam den großen gelben Fahrplan studieren,
inspiziert eine Taube, zu Fuß, ihr Gepäck.*

*Buddha, heißt es im Palikanon, rät, sich zur Meditation
den ruhigsten Platz mit der allerschönsten Aussicht auszusuchen.
Nach einer Weile des Sitzens sehe und fühle man sowieso nichts mehr,
aber bis dahin . . . Hildegund dagegen schwärmt
von einem Platz zwischen zwei Stadtautobahnen.*

*Auch Mückenschwärme – in beliebig idyllischer Lage –
vermögen auf die Palme (und drüber) zu bringen.*

Wenn ich ein Vöglein war . . . aber ich bin keins.

DICHTEN

*Dichten, Verdichten,
das betrifft zunächst allein die Wahrnehmung.
Wirklich da sein, wo man gerade ist,
und wenn der Blick wandert, dann
die Wanderung des Blicks wirklich mitmachen
mit allen Überraschungen (Konzentration
bedeutet nicht, sich auf etwas versteifen.
Das Zentrum ist wanderlustig.
Entweder konsequent oder inkonsequent,
aber nicht schwanken, lernte ich von meinem Vater.)*

*Also eigentlich dürften einem Dichter
die ganz normalen Sätze vollauf genügen,
die sich mehr oder weniger beiläufig
daraus ergeben, daß er sprechen kann,
und wohin immer ihn sein heimliches Bemühen
um Kunstfertigkeit entführen mag,
immer wieder nimmt er von dort seinen Anfang.*

*Was ihn zum Dichter macht, zum Wort-Künstler,
ist, daß er diesen ganz normalen Sätzen
auf außergewöhnlich aufmerksame Weise lauscht.
Die Wörter, und wie sie sich zueinander ordnen,
sind ihm alles andere als selbstverständlich.
Über alles, was mit ihnen zu tun hat, kann er sich wundern:
über ihre musikalische Klanglichkeit,
und wie diese sich verhält zu vertrauten
und zu heimlich mitschwingenden Bedeutungen.
Über den Unterschied zwischen beabsichtigter
und vom Wort-Spielraum zugemuteter Mitteilung.
Über das Zusammenspiel der Wörter miteinander
(wie sie sich gegenseitig festlegen, aber auch freilassen).*

*Der Dichter sucht nicht nach Edel-Wörtern,
nach selten zu findenden oder findig erdachten,
im Gegenteil: gerade die überstrapazierten,
oft mißbrauchten und inzwischen verachteten
sind ihm willkommen. Schließlich sind es doch
gerade sie, die seine Ohren am nötigsten haben.
Und wirklich, es gelingt ihm, sie auszusprechen
so, als seien sie eben geboren worden,
und mit offenem Gesicht und hellen Augen
vermögen sie es, die Botschaft, daraus sie entstanden,
aufs unmittelbarste zu sein.*

*Welches Wort du auch in den Mund nimmst,
es ist das Wort, das am Anfang war, und ist.
So sehr liebt der Dichter die Wörter,
so tief achtet, fürchtet er sie,
daß er ihren Ursprung im Schöpfungswort
immerzu wenigstens als leise Ahnung zu spüren sucht,
und damit auch – trotz ihrer Fülle und Vielfalt –
diesen Ursprung als Zukunft ersehnt:
Als Heimkehr der Wörter in ihren unsagbaren Grund
im Sinne allwissender, schweigend sprechender
in allen Zeiten und Formen
sich auskennender Gegenwart.*

*Natürlich ist der Dichter darum bemüht,
wann immer er spricht oder hört, derartige Sorgfalt
gerade der sprechenden Sprache zu schenken.
Ihrer natürlichen Schnelligkeit und Vergänglichkeit
stellt er sich als Herausforderung ins Lebendigsein.
Die Verfertigung der Gedanken beim Reden
erlebt er als Forschungsreise durch unwegsames Gelände.
Wachheit dichtet, wie auch immer.*

*Und doch: er liebt es, zu schreiben: die Wörter körperlich
als Bewegungen, als Wege zu erleben – und ihre Spuren
sichtbar und mehr oder weniger haltbar zu hinterlassen.
Erst jetzt hat sich die zeitliche Bedingtheit
in den Raum hinein aufgehoben. Er kann sich
mit der Lektüre der Wort-Spuren beschäftigen,
und die Lektüre kann sich erleben
als Betrachtung, als Meditation und als Spiel,
als Tanz und als tiefes Innehalten,
ins Vergessen und Wiederfinden,
in Gestaltung und Wandlung.*

*Wie mir auf dem Weg der Stimme
das wechselseitig einander differenzierende Ausleuchten
und die endliche Einheit von Singen und Sprechen
zum Kriterium wurde,
so begeisterten und führten mich auf dem Weg der Wörter
die Übergänge zwischen Geschwätz, Gespräch und Gebet,
zwischen spontan sich ergebender Sage
und reflektierend sich kondensierender Schreibe.*

*Mal schrieb ich ein Tagebuch,
das wirklich nichts anderes sollte als täglich
das Schreiben beschreibend mich ihm übergeben
(wobei ich das Tempo meines Denkens
mit dem meines Schreibens so genau aufeinander abstimmte,
daß sie miteinander zu atmen schienen. Atemberaubend,
das Gefühl schließlich, die Fleischwerdung des Geistes
im schriftlichen Kommen der Buchstaben zu spüren).
Unermüdlich, tagaustagein nahm ich mir die Zeit,
an diesem Faden zu spinnen.*

*Ein andermal beschrieb ich erlebte Alltäglichkeiten,
klein genug, um der Sprache Zeit zu lassen,
bei der Vertiefung in die Welt der Dinge
ihrem Nachhall zu lauschen.*

*Oder ich protokollierte musikalische Abläufe,
die ich gerade vorher improvisiert hatte
oder die mir aufgrund improvisatorischer Erlebnisse
in den Sinn kamen als mögliche Musik.
Und von hier aus horchte ich, weiterschreibend,
in alles und jedes hinein, worin ich die Natur
als Meister der Künste des Lebens zu erkennen vermochte.*

*Und immer wieder Briefe, Briefe, Briefe,
als die unmittelbarste Weise, schreibend zu sprechen
(auch Briefe an Gott, als das große DU, darin
die anderen Dus und Ichs geheimnisvoll wetterleuchten).*

Immer tiefer leuchtete mir schreibend ein:
was in einer Zeile steht, ist eine Einheit,
so etwas wie ein Atemzug. Einerseits
ist es vom räumlichen Spielraum der Papierbreite
nicht unabhängig, andererseits aber
darf ich und will ich entscheiden, wo genau ich
kehrt mache, unabhängig von aller Grammatik und Syntax.

Jeder Zeilensprung fordert zur Rast auf, zum Anhalten.
Das eben Gelesene
oder gesagt-Geschriebene
verdichtet sich, staut sich, weist ins Leere,
man wird stutzig, man hört noch einmal hin,
was belanglos schien, wird durchsichtig und schillernd,
das Selbstverständliche weist stolz
in die Tiefe seines Selbstverständnisses.
Der Hörende hört, gebremst, die Wörter einzeln
und in Zeitlupe ihre Beziehungen.

Als sprächen sie miteinander,
als schlössen sie sich gegenseitig einen Augenblick lang aus,
um einander dann vorsichtig von allen Seiten zu beriechen,
zu befragen, zu beleuchten, einzulassen, anzunehmen.
Eine Ehe, aber auch Krieg wäre nicht ausgeschlossen.
Leben vor allem. Wortleben.

Ja, Dichten heißt die Wörter je für sich
und im Dialog miteinander zur Sprache bringen.
Dichten heißt, sich als Instrument
den Wörtern zur Verfügung zu stellen.
Dichten heißt den Wörtern zutrauen, daß sie
es faustdick hinter den Ohren haben,
daß sie selbst nach wiederholtem Ausgelutschtwerden
uns immer wieder neu zu sagen haben,
was wir nicht verstehen.

Nein, die Wörter wollen nicht verstanden werden müssen,
sie wollen gehört werden, als Rätsel, als Geister,
wollen nicht definieren müssen, sondern entgrenzend
miteinander – und mit uns – spielen dürfen.
Wortspiel bedeutet: Ich nehme die Wörter ernst,
nehm sie beim Wort, und laß sie sagen, was mich
erschrickt.
Ich lerne die Wörter kennen, um an mir
zweifeln zu lernen.
Wahrhaftig, jedes von ihnen ist ein Wunderwerk!
Jedes von ihnen wäre in der Lage, mir als Koan
in die Tiefe des Seins hinein den Weg zu bahnen,
mir das Letzte zu sagen.

Am Anfang meines Weges als Dichter brachte ich es
nicht selten fertig, des Reimes oder des Rhythmus wegen
als Wiesel mich auf einen Kiesel zu setzen,
inmitten Bachgeriesel auch noch . . . wo mir dann irgendwann
die Füße gottseidank derart naß wurden, daß ich flugs
aufs Trockene freirhythmischer Ungereimtheiten floh.
Das strenge Hausverbot für alle Reime,
Jamben und Trochäen
erübrigte sich erst wieder, als ich schlicht und einfach
aber ganz und gar der Meinung der Wörter zu gehorchen lernte.
Jetzt sitzen sie mit am Tisch, als Dreizehnte unter den Zwölfern.

Hilfreich war mir, wirklich alles, was ich schrieb,
dem Gesetz des poetischen Flatter-Satzes unterzuordnen,
um die Nüchternheit sachlichster Prosa
(bis hin zu meinen Briefen ans Fräulein Finanzamt)
mit der Trunkenheit innigster Liebeslieder
eines Geistes werden – und sein zu lassen.

Hilfreich wurde mir die feste Schreibzeit.
Der Stoffwechsel liebt es, respektiert zu werden.
Weiß die Quelle ihre Zeit, so weiß sie sich zu öffnen.

Hilfreich war mir auch, einfach loszulegen
mit der ganzen Kraft der Konzentration,
aber ohne lange Bemühung inspirierender Instanzen.
Ich begann zu schreiben mit dem Vorsatz,
ja der geradezu gebetskräftigen Entschlossenheit:
Ich schreibe jetzt ins Reine!
Was jetzt geschieht, muß gelten.
Es gibt keine Gelegenheit zur Verbesserung . . .
(die es natürlich dann doch immer gab, und geben mußte,
bis jetzt jedenfalls).

Lange Zeit war ich ein verzweifelter Tipp-Ex-Verbraucher,
bis mir auf wunderbare Weise die Technik zuhilfe kam.
Ich bin ja wirklich alles andere als ein Maschinenfreund.
Wie gern hätte ich mit Gefieder und Flügel, undsoweiter.
Aber ich danke es diesem Schreibgerät,
diesem Rechner, ausgerechnet, daß ich
beliebig oft in dem Text, den ich jetzt gerade schreibe,
hinundherfahren kann,
umstellend, herausnehmend und einfügend,
mal verbessernd, mal verschlechternd,
einfach drauf los, wies gerade kommt;
daß ich auch mal was ganz Unmögliches schreiben darf,
ungeniert, um es irgendwann später
auf seine Möglichkeiten hin zu untersuchen –
es schnell kopiere, zweidreimal,
und jedesmal eine andere Version, eine andere Möglichkeit
aus diesem Unsinn, den ich da herschrieb, ersinne.
Der Text ist wie ein Stück Ton, darin sich
eine werdende Form beliebig zu wandeln vermag.
Dichten ist eine meiner Lieblingsbeschäftigungen.
Schon als Kind saß ich endlos über Schreibheften
mit vielversprechend blauenden Fingern.
Die Ergebnisse waren nicht umwerfend,
aber irgendwie lernte ich es, vor Papier auszuharren.

Als ich die Texte meiner „Liebesspiele" schrieb,
schrieb ich immer wieder zwischendurch
am wortlosen Roman „Handbewegungen".
Über den beugte sich Christa, mal wieder,
und sagte mir eine große Zukunft als Dichter voraus.
Als Dichter von Wörtern.
Die ich jetzt angetreten habe, nicht
weil ich groß wäre im Ernten von Lorbeerblättern, sondern
weil ich mich inzwischen mit den Wörtern so gut stehe,
daß keine noch so professionelle Intrige
uns zu entzweien vermöchte.
Wir sind eben Freunde, die Wörter und ich,
was bedeutet: ihr könnt uns mal, ihr kritischen Leser.

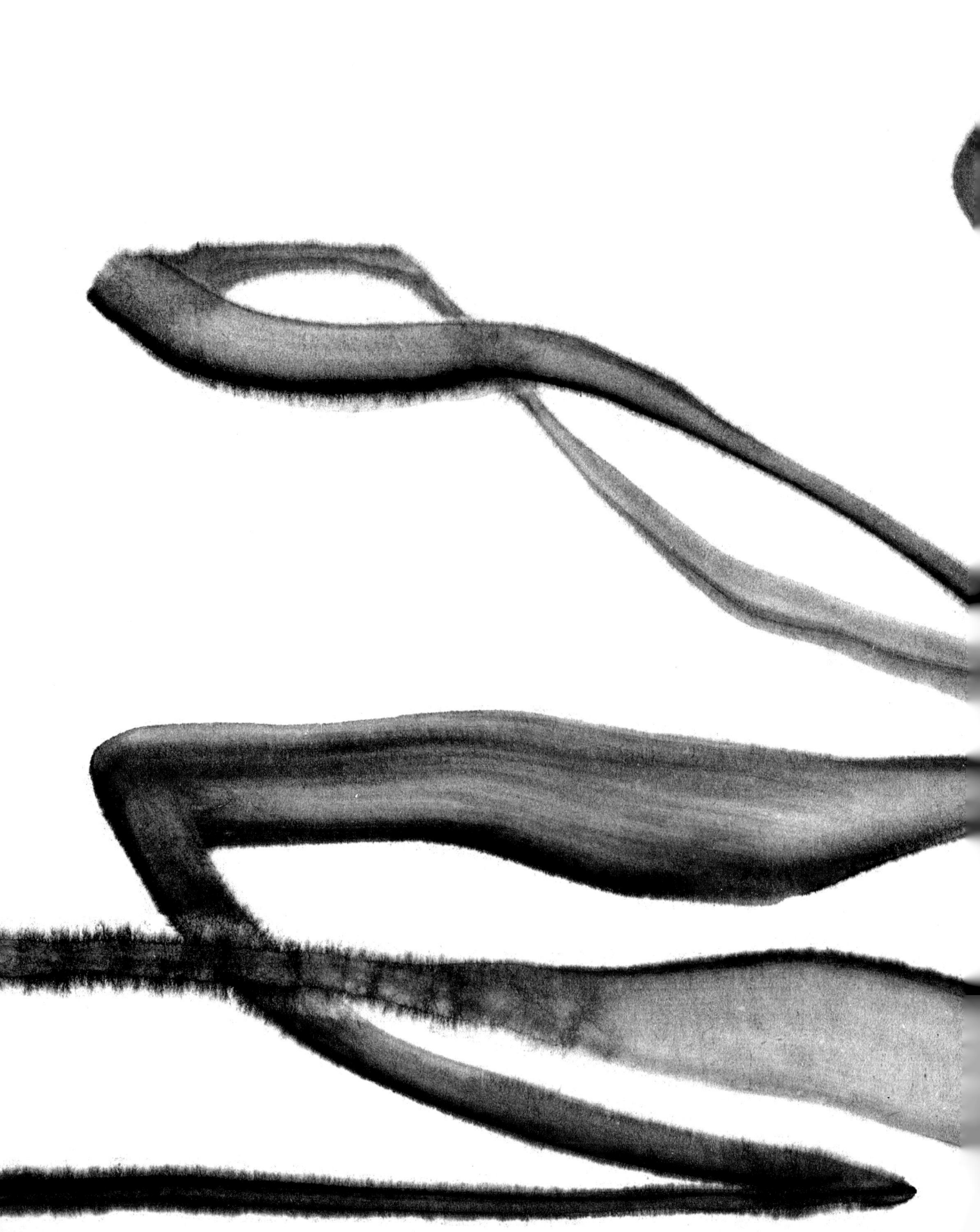

SINGEN

*Sooft du dich dabei entdeckst,
daß du vor dich hin singst,
hör dir zu,
als wäre, der da singt, ein Fremder.*

*Sooft du dich dabei entdeckst,
daß du irgendetwas tust,
schau dir zu,
als wäre der äußere Zweck der Handlung
nur ein Vorwand für das Wesen der Bewegung,
sich in dir zu erleben.*

*Sooft du dich dabei entdeckst,
eine dir wohlbekannte Weise vor dich hin zu singen,
unterbrich dich, und beginne von neuem
mit einer Melodie, die sich jetzt
während deines Singens
durch dich hindurch erfindet.*

*Sooft du meinst, Langeweile zu haben,
nimm alles Hörbare um dich herum
als Lied deiner Gegenwart,
und betrachte alle sichtbaren
und sonstwie wahrnehmbaren Bewegungen
als zusätzliche Stimmen des Gesanges
. . . und beziehe dich,
deine Wahrnehmung, und deine Nichtwahrnehmung
als Stimme mit ein.*

*Greif irgendeinen Vorgang heraus
aus dem riesigen Orchester dieses Augenblicks
und höre ihn als Hauptstimme.
Und sei sie scheinbar noch so nebensächlich:
liebe sie, als wäre sie dein einziges Kind,
auf das du die ganze Kraft deines Mitgefühls konzentrierst.*

*Höre – mit welchen Sinnen auch immer –
nach und nach immer mehr Stimmen deiner Welt
als je einzigartiges lebendiges Gegenüber,
dir gegeben, um das Sein, deins, aufs Neue zu erfahren.*

*Nimm die Stimmen deiner Welt,
so fremd sie dir erscheinen mögen,
als deine Gesangslehrer:
jede Stimme lehrt dich ihr Lied,
wenn du nur bereit bist,
und ungeniert genug,
die jeweilige Entsprechung in dir
aufzusuchen und vor dich hin zu singen.*

*Schweige still, jetzt zum Beispiel,
und lausche dem Lied des Schweigens in dir.*

Eine Melodie erfinden,
eine ganz normale Melodie, jetzt,
das ist überhaupt kein Kunststück!
Sing einfach ein wenig die Tonleiter
auf und ab,
aber hör hinein in jede einzelne Stufe:
bleib auf jeder so lange,
wie es dir gerade richtig erscheint,
und entscheide dich auf jeder neu,
ob dein Weg weiter aufwärts oder abwärts geht
oder ob du stehen bleiben sollst
auf dem Ton, auf dem du gerade stehst.
Und wundere dich über die Schönheit deines Weges.

Wie sollst du dich anhören, wie sollst du klingen,
fragst du dich vielleicht,
und du erinnerst dich an alle möglichen
mehr oder weniger goldenen Stimmen,
und dein Singen wird dir
zu einem Traumreich ersehnter Selbstbildnisse.

Mach sie durch oder nicht, jedenfalls:
vergiß sie alle, indem du mit immer wacherem Ohr
immer entschlossener und immer interessierter
dir selbst zuhörst, wie du sprichst,
und dann versuche, diese Sprechstimme mehr und mehr
in deinem Singen wiederzuerkennen.

Das ist ein langer Weg.
Und zuerst wirst du vielleicht enttäuscht sein,
weil dir diese Sprechstimme nicht schön genug vorkommt.
Aber dann – vor allem wenn du anderen zuhörst –
wirst du merken: so schlicht und direkt,
wie die Sprache alltäglich spricht,
möchtest du die Stimme singen hören!
Mag's auch ein wenig rauh und roh klingen,
alles andere erscheint dir verstellt, unwahr, bemäntelt . . .

und zugleich freust du dich daran,
wie diese Sprechstimme – die deine wie die des anderen –
reicher und reicher wird in ihrer natürlichen Beweglichkeit:
Immer mehr von sich selbst und von ihren Nachbarstimmen
vermag sie zu erschwingen – und damit: zu erhören

und ist es nicht der Ton, der die Musik macht?
Was auch immer wir sagen, Worte machend, schöne und gute,
das hat doch alles nur Sinn, wenn die Stimme zustimmt,
wenn der Körper verkörpert.
Die Stimme, Krone der Körpersprache,
lernt zu singen: die Schwingung zu sein, die sie meint.

Und hab dennoch keine Angst vor der Heiligkeit der Buchstaben.
Man kommt sich komisch vor, sie zu benutzen,
als spräche man – ohne zu sprechen –, und doch:
jeder Buchstabe ist ein Engel, ein Mantra, ein Himmelsschlüssel,
und indem du – singend – sie in deinen Tönen spielen läßt,
und ihnen dabei lauschst, wie sie ganz von sich aus
sich auseinander ergeben und einander mitteilen,
merkst du, daß sie es selbst am besten wissen,
was dem Haushalt des Tones gerade entspricht –
genau wie seinem Weg, dessen Melodie
dich an die Hand nimmt, und von dir nichts weiter wünscht,
als er-lebt zu werden.

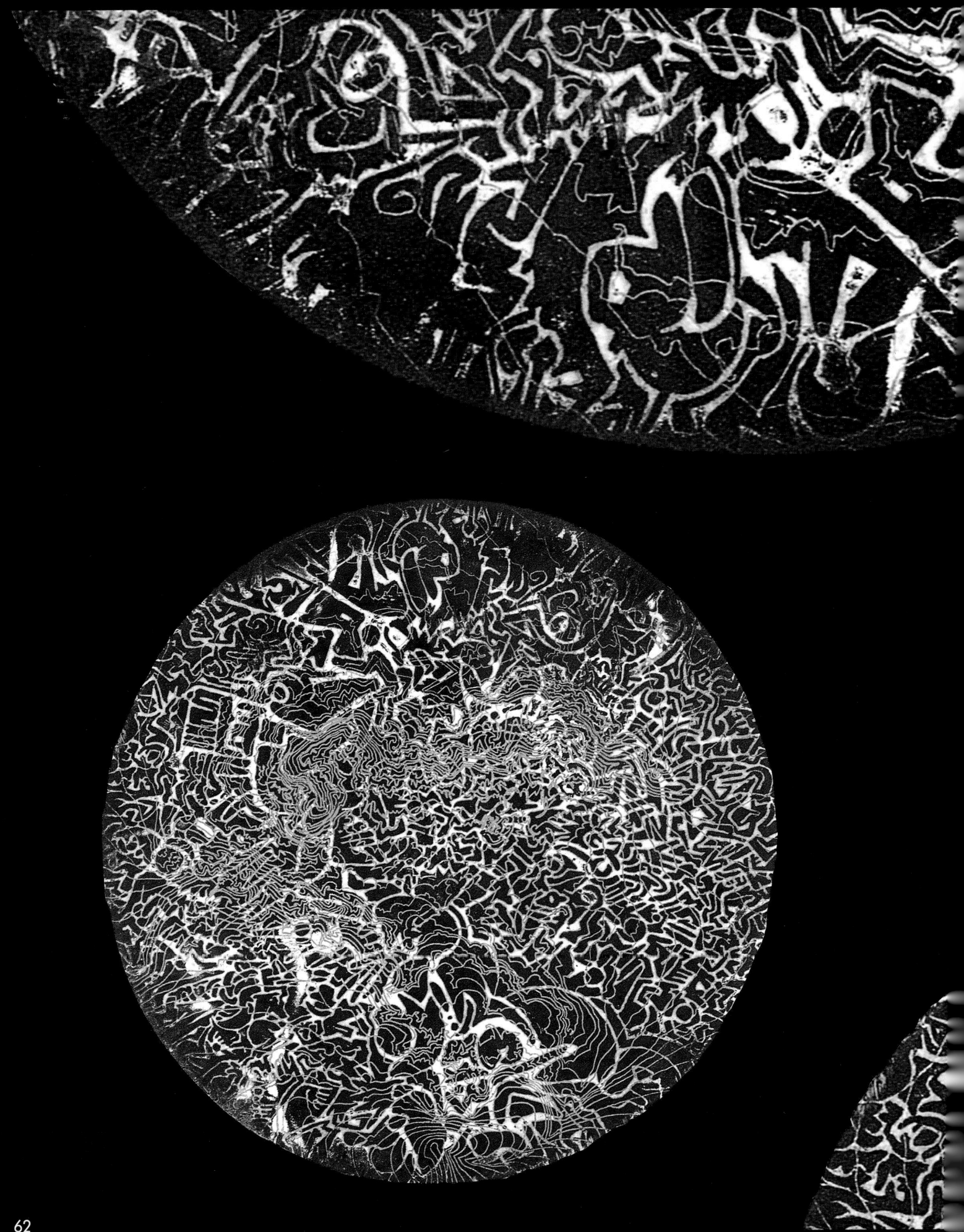

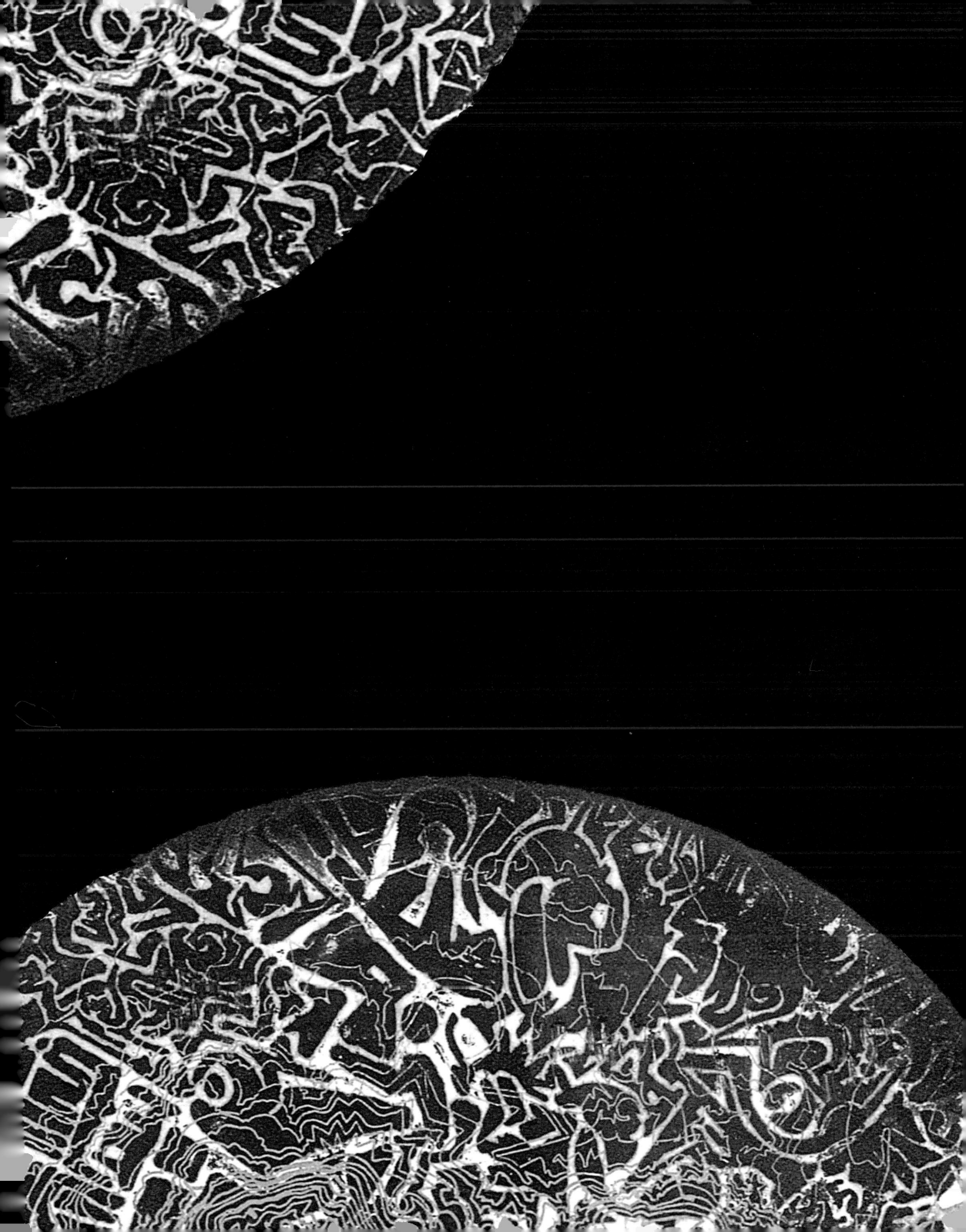

VERRÜCKTE GROSSEN

SELBSTPORTRÄT IM FISCHAUGE

*Das Fischauge ist eine Linse
mit extrem weitem Winkel.
Mit seinem Fischauge hat man
ein Blickfeld von nahezu 180 Grad,
man sieht also tatsächlich
von ganz rechts bis ganz links
oder umgekehrt
alles mit einem einzigen Blick.
Nur der Hintergrund – naja:
was jeweils im Rücken ist –
bleibt verborgen.*

*Die Folgen derartigen Weitblicks:
es gibt einen ungeheuer großen
Tiefenschärfenbereich.
Bei gutem Licht
reicht der Scharfblick tatsächlich
aus nächster Nähe bis
in weiteste Ferne.
Dies wiederum bedeutet:
sozusagen die erste Oktave
perspektivischer Verjüngung,
dieses erste Stück Weges
vom Auge in den Raum,
auf welchem die subjektive Größe
der Dinge fluchtartig abnimmt,
fällt aufs Realistischste ins Gewicht.
Behauptet sich unübersehbar
als objektive Tatsache
und provoziert für einen Augenblick
(einen immerhin beinahe ewigen)
die Korrektur aller bisherigen Weltbilder.*

*Der Betrachter des Bildes
ebenso wie sein Erfinder
ist entsetzt und belustigt zugleich
über die Entstellung
vertrauter Proportionen,
über die Verrückbarkeit und
Verrücktheit der Größen-Ordnungen.
Wie ungeheuerlich verzerrend
wirkt der Blickwinkel,
aus welchem man zufällig
gerade die Welt sieht,*

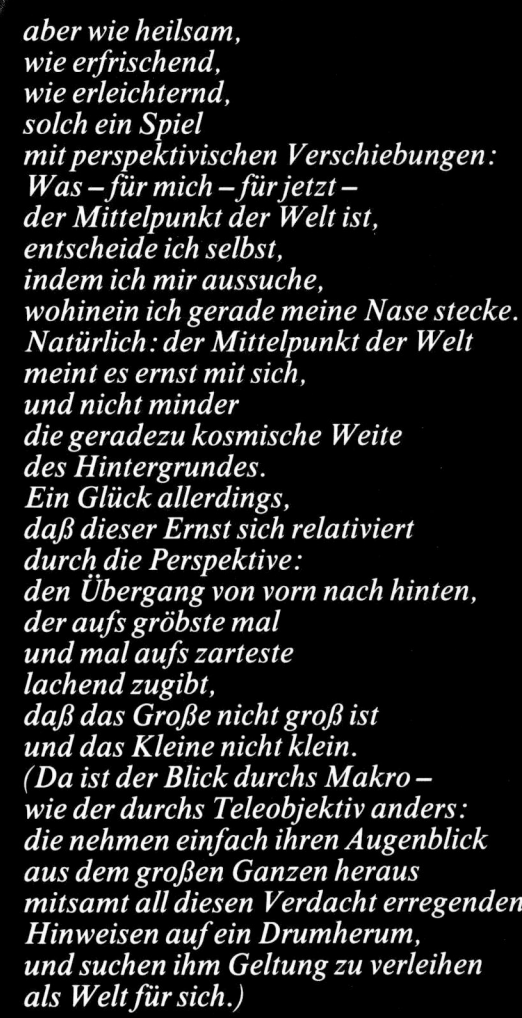

SELBSTPORTRÄT IM FISCHAUGE

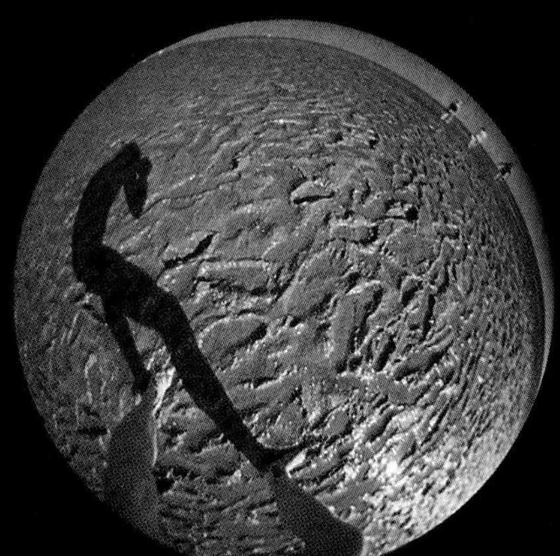

*aber wie heilsam,
wie erfrischend,
wie erleichternd,
solch ein Spiel
mit perspektivischen Verschiebungen:
Was – für mich – für jetzt –
der Mittelpunkt der Welt ist,
entscheide ich selbst,
indem ich mir aussuche,
wohinein ich gerade meine Nase stecke.
Natürlich: der Mittelpunkt der Welt
meint es ernst mit sich,
und nicht minder
die geradezu kosmische Weite
des Hintergrundes.
Ein Glück allerdings,
daß dieser Ernst sich relativiert
durch die Perspektive:
den Übergang von vorn nach hinten,
der aufs gröbste mal
und mal aufs zarteste
lachend zugibt,
daß das Große nicht groß ist
und das Kleine nicht klein.
(Da ist der Blick durchs Makro –
wie der durchs Teleobjektiv anders:
die nehmen einfach ihren Augenblick
aus dem großen Ganzen heraus
mitsamt all diesen Verdacht erregenden
Hinweisen auf ein Drumherum,
und suchen ihm Geltung zu verleihen
als Welt für sich.)*

*Und doch, verdammt noch mal,
trägt die Verantwortung
für derart verabsolutierende
Behauptung relativer Größenordnungen
nicht nur der Betrachter, sondern
oft genug auch das Betrachtete.
Irgendetwas Objektives
irgendetwas am Objekt meiner Betrachtung
reizt mich als Fotograf zur Wahl
ausgerechnet dieses Blickwinkels.
Entschuldigung, liebes Gegenüber,
mein Blickwinkel ist rein subjektiv,
und doch: so
kommst Du mir gerade vor, haha!*

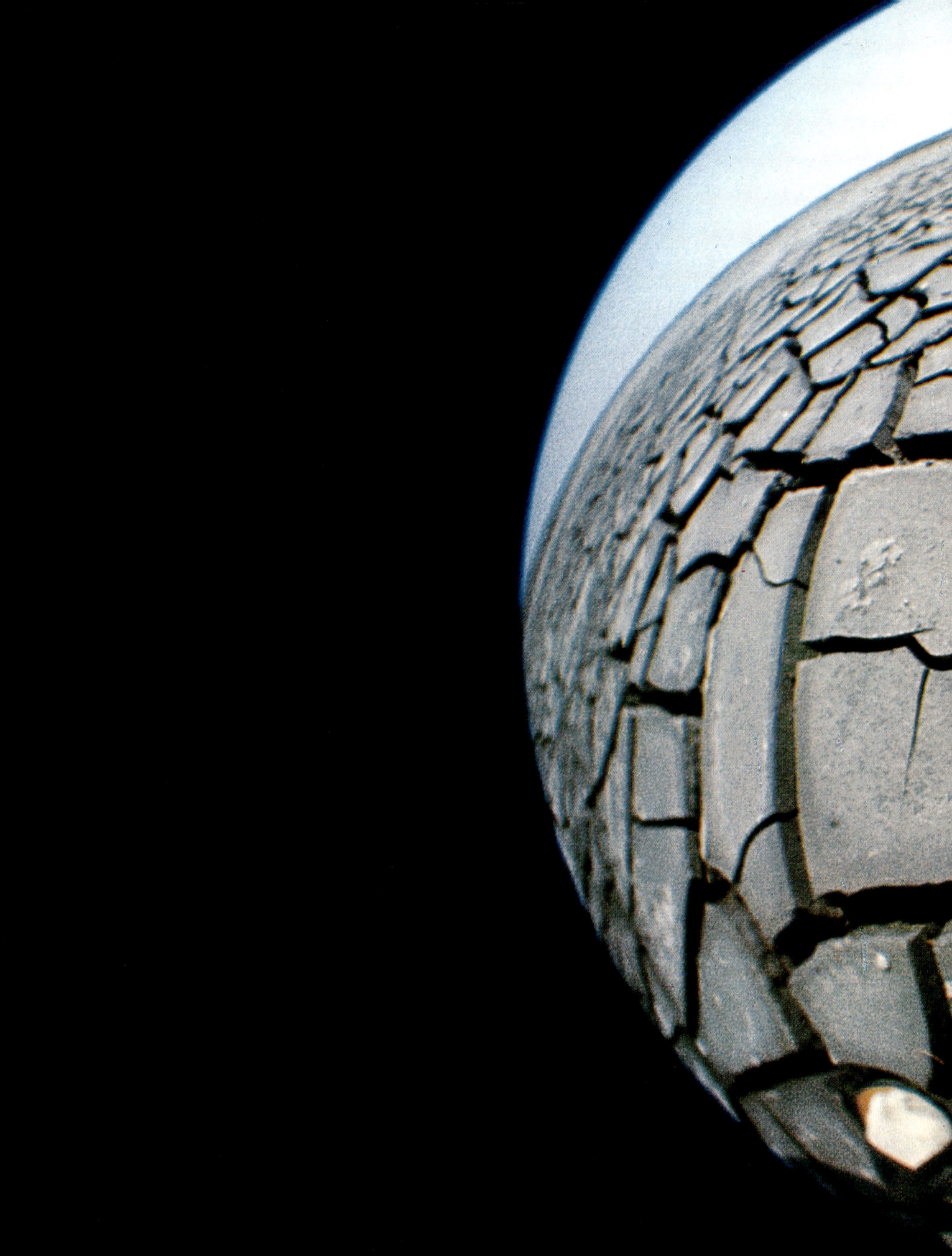

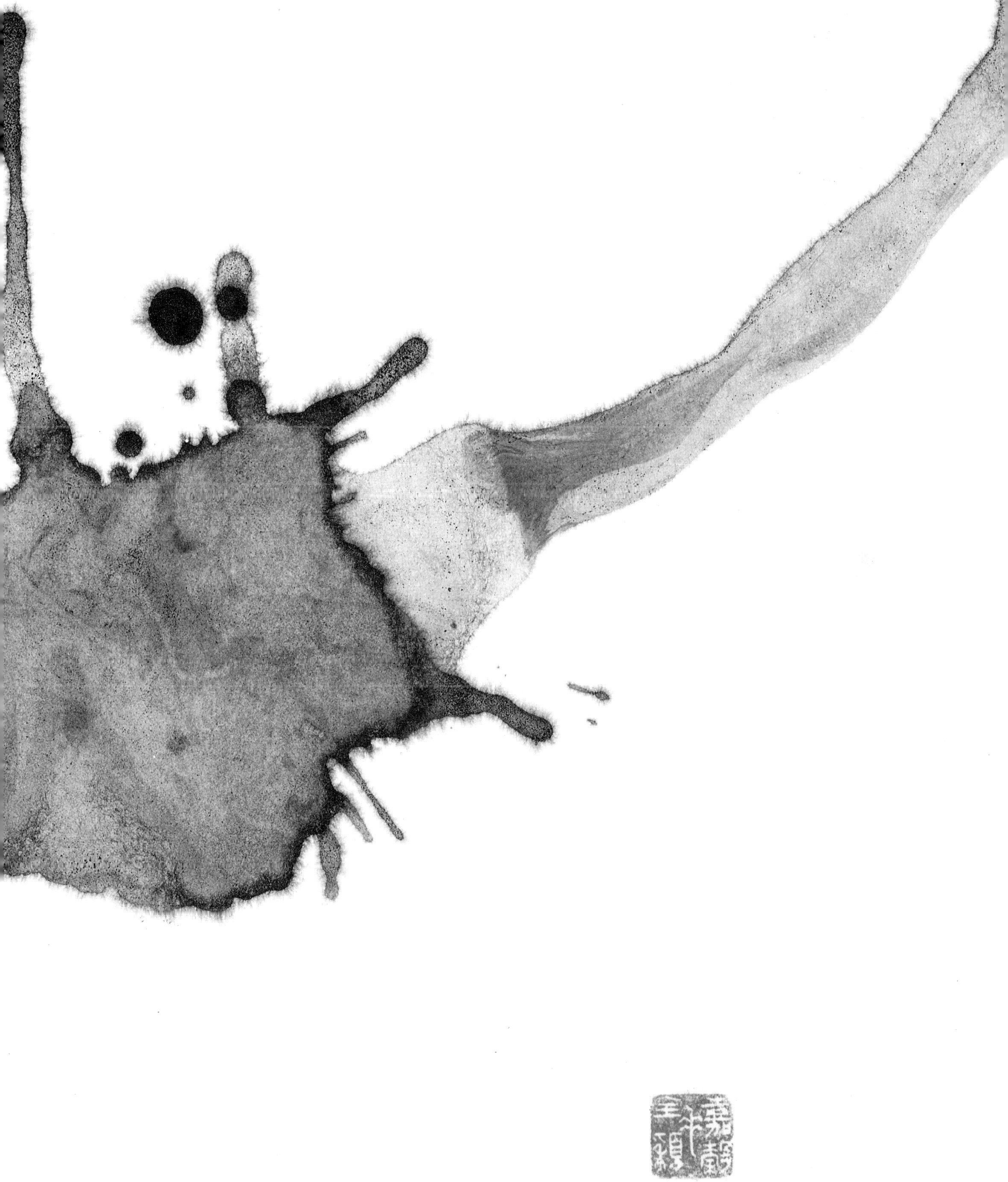

OBER

OBERTÖNE, die hörbare Manifestation des universalen Schwingungsgesetzes,
dienen seit eh und je der menschlichen Intuition
als musikalisch-harmonische Orientierung,
und schon in den ältesten schamanischen Traditionen
dienen Obertongesänge der Kontaktaufnahme mit dem Göttlichen.

Obertöne singend hervortreten zu lassen
und ihre Zusammenhänge musikalisch zu gestalten, das bedeutet,
am Selbst-Gespräch der Schöpfung eigenschöpferisch teilzuhaben,
den Geist des Ganzen im Geist des Einzelnen wiederzufinden.
Überdies aber ist die Oberton-Übung
von unmittelbar psychisch-physischer Wirksamkeit:
Jede Zelle fühlt sich einzeln neu zum Leben ermuntert,
während zugleich die Transparenz körperlicher Grenzen bewußt wird.

Obertöne singen, wo immer man zu warten hat:
im Zug, an der Haltestelle, auf der Bank, in der Badewanne . . .
leise, um den nicht zum Zuhören zu zwingen, der gerade nicht will,
und doch hörbar, ja fühlbar, aufs Feinste, für alle,
die gerade wissender- oder unwissenderweise empfänglich sind . . .
(Obertöne: die große Wunderwaffe im Partisanenkampf der Be-Geisterer).

Obertöne singen? Nichts einfacher als das, denn:
Sprechen ist eigentlich nichts anderes als
ein einziger großer Obertongesang. Vokale sind Obertonakkorde.
Der Weg von einem beliebigen Vokal zu einem beliebigen anderen
ist ein Obertonweg: Geht man ihn langsam genug (das heißt:
verwandelt man den einen Vokal aufs Allmählichste und Bewußteste
in den anderen), so trifft man auf all die unerforschten Um-Laute,
die ihrerseits als Obertonakkorde am Wege stehen.

Obertöne singen üben heißt zuallererst: immer wieder aufs Neue
genießerisch sich wundernd
in sich selbst als Schwingungswelt hineinlauschen.
Verschiedene Übungen führen auf verschiedenen Wegen in die Mitte.
Die Namen dieser Übungen sind übrigens die Übungen selbst.
Man höre sie an, singend, wie man Bilder anschaut, die man liebt.

OM
Auf angenehm tiefem Ton das runde O, in sich ruhend – und doch
reicher und immer reicher in seinem Farbenspiel
je länger und je lieber man sich ihm lauschend hingibt.

Strahlt aus – und zieht sich zurück ins M,
um zu verhallen in deinem Inneren wie der Ton einer Glocke.

Am Ende angelangt ein tiefes Anhalten – atemlose Stille,
ehe du – ganz Ohr – erneut einatmest,
und – lauschend – wieder von neuem mit OM beginnst.

om
oder irgendeine andere Silbe, irgendein anderer Laut.
Alle sind eines Sinnes, so vielseitig sie scheinen, und schwingen,
Himmels-Schlüssel, aufschlußreich immer gerade in dem Maße,
in welchem du dich ihnen hinhältst als Tür,
und heilig immer gerade dann, wenn du sie wahr nimmst . . .

M
Mit geschlossenem Mund
und mehr oder weniger geschlossenen Ohren
beobachte, wie das Bewegungsspiel der Zunge
– auf und ab zwischen I und U –
die Klangfarbe deines Tones beeinflußt
und erlebe dein Inneres als weiträumige Kathedrale.

TÖNE

M...I...Ü...U
Der Ton konzentriert sich auf die Lippen, beinahe pfeifend,
und gleichzeitig auf den vorderen Gaumen
(als bahnte er sich einen Weg durch ihn hindurch).
Der Weg zwischen I und U, in den du immer eingehender hineinhorchst,
klingt gelegentlich wie ein melodischer Wind.

N...I...Ö...O
O ist der Vokal der Mitte, des Mittelmundes, der Mund-Höhle.
Das Vibrationsgefühl füllt den beinah geschlossenen Mund ganz aus
und durchdringt seine Gewölbe bis in den Scheitel.

BIRD
Die Ränder der Zunge liegen wie beim N am Gaumen an,
während ihre Spitze sich mehr oder weniger leicht zurückneigt.

Ü...Ö
Auf dem Weg von Ü nach Ö verlagert sich das Zentrum der Resonanz
vom vibrierenden Lippenring in die Kuppel der Mundhöhle.
Beide Resonanzen stellen sich dabei
als selbständige Obertoninstrumente heraus,
die ihre Melodien nun einander umkreisen lassen.

GONG
Der Rachen schließt sich am Ende der Silbe
und bleibt von jetzt an geschlossen, während die Lippenbewegung
für die Veränderung des umgebenden Mundvolumens sorgt.
Sooft das Volumen Maße erreicht,
die der Frequenz eines eigenen Tones sympathisch sind,
re-soniert er auf der Höhe des jeweils entsprechenden Obertones...

NG...I...E...Ä...A...U
Schließt man den Rachen nicht ganz, dann werden die Obertöne des Mundvolumens
durch diejenigen der Nasalresonanz bereichert – und umgekehrt.
Zugleich klingen sie farbiger, damit aber auch weniger eindeutig.

H...I...E...Ä...A
Singt man den I-A-Weg oral, mit betonter Mundresonanz also,
dann treten nasale Zungenobertöne und orale Lippenobertöne
als einander kreuzende Linien miteinander in einen Wettstreit.
Von I nach A steigt der Zungenoberton abwärts,
weil sich die Zunge allmählich vom Gaumen entfernt und zurückzieht.
Der Lippenoberton dagegen steigt aufwärts,
weil die Lippen sich allmählich öffnen.
Beide Ebenen vermischen sich derart homogen,
daß man vor lauter Vokal-Klangfarben kaum noch Obertöne hört...

DIE ZEHN GEBOTE DES OBERTONSINGENS:
1. Nimm dir jeden Tag zu festgesetzter Stunde eine Weile Zeit,
   konzentriert deinem Ton zuzuhören.
2. Lausch deinem Ton als einer Botschaft des Wesens der Schwingung.
3. Versuch mehr und mehr zu verstehen,
   und doch zugleich das Rätsel größer und größer werden zu lassen.
4. Laß der Kunst des Machens ihre Aufgehobenheit in der des Lassens.
5. Sei ganz Ton – und ganz Ohr.
   Sei also ein, was du bist, um zu tönen und zu lauschen.
6. Sieh in der Übung die Schöpfung und in der Schöpfung die Übung.
7. Wie den edelsten Obertönen,
   so lausche fortan auch dem geringsten Geräusch.
8. Wie deinem eigenen Ton, so lausche fortan den Tönen der Welt.
9. Wie dem hörbaren Ton, so lausche fortan allem, was sich bewegt.
10. Wie dem, was sich bewegt, so lausche fortan der Stille.

MUSIKALISCHES SEIN

„Schläft ein Lied in allen Dingen,
die da träumen fort und fort,
und die Welt hebt an zu singen,
triffst du nur das Zauberwort."

Ein Lied – in allen Dingen . . .
als hätte der Dichter Joseph von Eichendorff von Obertönen gewußt!
Denn das ist die aufregende Erfahrung, die man macht,
wenn man in den Ton der eigenen Stimme hineinlauscht:
Sein Inneres entfaltet sich als ein Lied von nie gehörter Schönheit,
ein Lied, welches einem vorkommt wie des Welträtsels Lösung,
zutiefst vertraut, längst vergessen, und seitdem erahnt, erwartet, ersehnt.
Und kaum hat man es in sich selbst vernommen,
da tönt es einem auch schon
von allen Seiten, wohin man nur horcht, entgegen.
Aus Regen und Wind, Rasenmäher und Rasierapparat,
Türknarren und ablaufendem Badewasser.
Tatsächlich: Es singen alle Dinge, die ganze Natur singt Obertöne.

Und doch: von Obertönen wußte Eichendorff mit Sicherheit nichts.
Er wußte – das heißt: er bewahrheitete in sich – das Zauberwort:
HÖREN.

Wahrhaft hören bedeutet:
ganz Ohr sein: alle Sinne darauf konzentrieren,
wahrzunehmen, was gerade auf einen zukommt.
Und plötzlich ist es egal, ob das Obertöne sind,
und das ist wichtig, denn das Spiel der Kräfte gehorcht
nicht allein dem Gesetz des Toninneren,
sondern auch dem des Tonäußeren,
nicht nur den Spielregeln der Mathematik,
sondern auch denen der Intuition,
nicht nur denen der Physis, sondern auch denen der Psyche.

Aber nicht einmal allein um die Töne geht es,
sondern ganz allgemein um alles, insofern es schwingt.
Mehr und mehr versteht sich das Universum mikro- wie makrokosmisch
als ein unendlich komplexes und differenziertes Zusammenwirken
schöpferischer Schwingungsvorgänge.

Und so stellt sich als das eigentliche
Geschenk der Obertonerfahrung heraus,
das sie ins Hören hineinlockt, tiefer und tiefer, bis in seinen Grund,
wo es sich selbst, mit allem, was es bedingt und bewirkt,
herausstellt als das Lied der Lieder.

„Gesang ist Dasein", sagt Rilke –
gleichsam als Summe seiner Einsicht – in den Sonetten an Orpheus.

1970 kam ich – beinahe per Zufall – für ein halbes Jahr nach Japan,
wo mein Malerauge sich an den ebenso vielsagenden
wie mir unverständlichen Schriftzeichen betrank.
Überall, aus den Zeitungen, aus den Leuchtreklamen,
aus Posters und Kalligrafien riefen sie mir entgegen.

Wenn ich mich lange genug in eins dieser Zeichen versenke,
müßte ich doch – dachte ich – verstehen, was es sagt ...
Andererseits wunderte ich mich – bald nicht mehr – darüber,
daß selbst die Belesensten unter meinen Freunden
die kunstvoll gelassen hingeworfenen Linien
beinahe in der Regel nicht zu entziffern vermochten.

Es käme nicht auf die Bedeutung an, sondern auf die Bewegung.
Hat mir das jemand, oder habe ich mir das gesagt?
Doch, die Bedeutung schien ihnen nach wie vor wichtig zu sein,
aber in Ausstellungen sah ich gerührt, wie man dem Geschriebenen
mit dem Finger durch die Luft gleitend nachspürte.

Indessen begann ich mein Japanisch von der entgegengesetzten Seite,
indem ich schreibend einfach so tat als ob
(die Empfänger meiner Kartengrüße
kamen zu den unterschiedlichsten Schlüssen).

Aus Spiel wurde Ernst.
Ehe ich wußte, was ein Koan ist, hatte es mich auch schon im Griff.
Ich schrieb und schrieb, wo immer ich stand oder saß,
mit und ohne Schreibgerät Zeichen für Zeichen,
zeilenweise angeordnet, seitenweise, bändefüllend, weiter und weiter.

Wie man sich auf dem Weg zum Schlaraffenland
durch einen Kuchenberg zu fressen hat (um hinterher alles zu haben,
nur keinen Hunger),
so ließ ich mich ziehen von der Linie
und zog sie, wenn sie mal nicht wollte,
weiter und weiter in das Jenseits der Bilder.
Und nicht eher wollte ich halt machen, als bis ich's erreicht hätte.

Und ich erreichte es, an einem Dezemberabend des Jahres 1972,
ausgerechnet zu einer Stunde, zu der ich's das erste Mal
ganz bewußt sein ließ:
Ich lag auf dem Boden des Wohnzimmers (oder lag ich am Strand?),
und das unendliche Rauschen des Schöpfungsstromes,
den ich bis dahin zu schreiben hatte,
durchblitzte mich wie die ganze Ewigkeit jüngster Gerichte.

Und als ich schließlich aufstand,
war ich wach.

Im Frühjahr 1973 entstand – in meiner japanischen Mönchsklause –
für die Musik-Zeitschrift MELOS das Manifest:
„Liebesspiele – oder: zur Musikalischen Zukunft der Sprache":

> „Musik ist jetzt;
> Natur, wie sie sich selbst bewußt vollzieht.
> Die Welt ist die Komposition.
> Jeder ist Stück dieses Stückes, wie er selbst sich aufführt,
> Interpret, wie er sich aus sich auslegt,
> Instrument seines Handelns seiner Stimme.
>
> Die Einordnung des Sprachvermögens in ein musikalisches Bewußtsein
> wird das System verbalorientierter Werte aus den Angeln heben:
> Kriterium allen Entscheidens wird statt des logischen Argumentes
> die musikalische Existenz selbst sein.
>
> Das Ende der babylonischen Sprachverwirrung
> wird nicht die englische Sprache sein, sondern die Sprache der Engel."

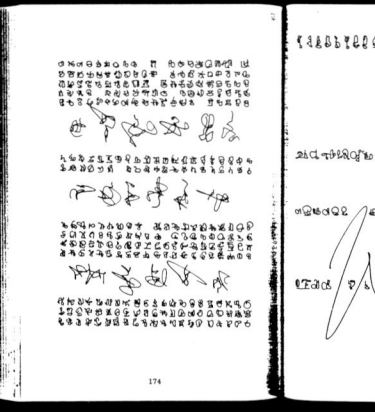
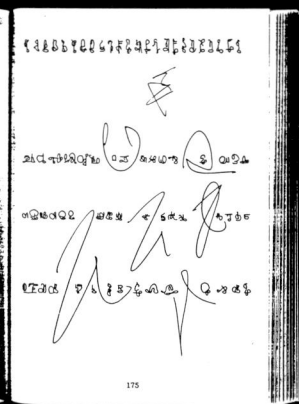

S. 172–175 aus „Handbewegungen 1"
Roman, Ernst Klett Verlag, 1973

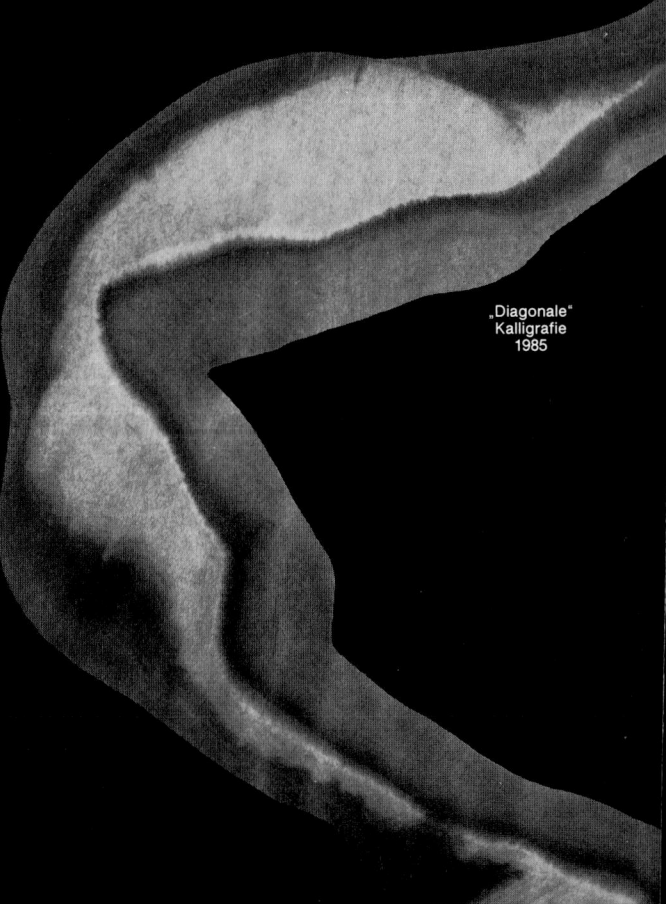

„Diagonale"
Kalligrafie
1985

*Die Physis ist die Psyche des Universums.
Alles ist, wie es ist. Alles spricht für sich.
Die Sprache des Universums (des „Ein-wendigen")
ist, wie die Dinge für sich sprechen.*

*Für sich. Was ist, wer ist „sich"?
„Sich" ist die Kraft des Kreisens (deren Bilder Kreis und Spirale sind),
ist das wieder-erkennende Sich-Zurückbeziehen auf den Ausgangspunkt
und das Ein-beziehen des anderen in das eine, des Neuen in das Alte.
„Sich" ist die Bewegung, welche die Bedeutungszusammenhänge schafft.*

*Bedeutungszusammenhänge beruhen auf Entsprechung:
Das eine ent-springt dem anderen als Sprache,
das eine ist des andern Wort, ent-spricht ihm,
und entspricht zugleich immer auch sich selbst:
Der Kreis schließt sich in doppelter Weise,
insofern jedes für sich selbst sorgt, auf welchen Umwegen auch immer,
denn es lebt vom Bedeutungszusammenhang ...*

*In einer Welt, in der alle Werte nach ihrer Bedeutung gemessen werden,
scheint eine solche Sprache bedeutungslos und daher sinnlos zu sein
(Welt am Sonntag kürte denn auch meinen als „Roman" erschienenen Zeichenstrom
zum sinnlosesten Buch des Jahres).*

*Aber auf dem Wege vom verbalen zum transverbalen Bewußtsein
hat sich der Sinn des Wortes Bedeutung gewandelt:
Die Sprache der Wörter spricht immer ÜBER etwas,
ihre Laute dienen dazu, gedankliche Inhalte zu vermitteln.
Die Sprache der Schwingungen – die trans-verbale Sprache –
spricht sich selbst = ist sich selbst Inhalt genug.
Die Sprache der Wörter, wenn sie ihrem Schwingungs-Inhalt gehorcht,
also dem, was in ihnen und durch sie geschieht, wird selbst zu Musik.
Musikalisch sprechen heißt, Wörter nicht benutzen,
sondern in sie hineinhorchen wie in lebendige Wesen,
und sie als solche zueinander in Beziehung erleben.*

*Wörter haben immer Gedanken zu dienen,
die sie selbst nicht sind,
Schwingungen – Bewegungen –
bedeuten sich selbst und einander.*

*Bedeutung hat seine Rolle als Macht-Mittel
losgelassen:
Bedeutung wird zum Spiel:
Zum Spiel des einander Be-deutens,
zum Spiel des Miteinanders.
Zum Spiel der Kräfte.*

„Zen-Kreis"
Tuschzeichnung
1983

*Die transverbale Sprache ereignet sich als das be-wegende Spiel
aller sich selbst und einander be-deutenden Schwingungen.
Diese Sprache ist überzeitlich allgegenwärtig,
und dem Menschen bleibt eigentlich gar nichts anderes übrig,
als sie lauschend durch sich hindurchklingen, per-sonieren zu lassen.*

*Der Zeichenstrom, der mich hatte „aufwachen" lassen,
verlangsamte sich, sich zerlegend auf Einzel-Blätter zu Einzel-Zeichen.
Ein Zeichen: Wenige Bewegungsglieder, unmittelbar auseinander erwachsen,
be-deuten einander zu einem kleinen Ganzen, das dem großen Ganzen entspricht.
Pausen von Zeichen zu Zeichen, ja oft von Bewegung zu Bewegung:
In der eigenen Bewegung des kleinen Ganzen innehalten, um
die Stimme – die (kaum hörbare) Schwingung des großen Ganzen –
wahrzunehmen.*

*Der schriftlichen Linie und ihrem Bewegungs-Spiel
entspricht mehr und mehr die stimmliche Linien-Bewegung:
zu regelmäßigen Zeiten des Tages setze ich mich auf „meinen" Platz,
um für 30–45 Minuten Töne kommen zu lassen.
Wichtig ist zunächst das Daß und das Wie, nicht so sehr das Was:
Was immer sich als Ton aus mir herausstellt, ist mir recht,
muß nur wirklich wahr-genommen werden
hinsichtlich seiner inneren und äußeren „Bedeutungs"-zusammenhänge.*

*Sehr bald merkte ich: die Sprache der Schwingungen, des Singens,
ist von ungeheurer Geschwindigkeit!
Von Laut zu Laut passiert so viel wie verbalsprachlich von Satz zu Satz.
Und je aufmerksamer ich höre, desto weniger verlange ich nach „Wissen":
Ver-stehen heißt, seinen Stand-Punkt aufgeben – sich be-wegen lassen.
Verstehen heißt sich mitbewegen.*

*Wenn ich nach draußen gehe, nehme ich meinen Fotoapparat mit
und übe mich in der Aufnahme und Wiedergabe einer gegenstandslosen,
einer ungegenständlichen, einer übergegenständlichen Welt.
Mikro-Skopisches, Makro-Skopisches (als Gegen-stand gilt, „normaler-weise",
was gegenüber-steht: was unseren Größenordnungen entspricht.
Was zu klein ist, oder zu groß, wird leicht übersehen . . .).
Die Ränder zweier Dinge, und deren Zwischenraum – ihre Beziehung
(die Dinge deuten einander an, ohne selbst in Erscheinung zu treten).
Gegenstände, derart unscharf eingestellt, daß sie nur noch
als Lichtspiel auf- und miteinander wirken.
Aber auch Gesichter und Körper, ganz direkt, und weniger rührend
als vielmehr erhört in der Sprachlichkeit ihrer Bewegung.*

*Was natürlich alles auch ohne Fotoapparat geht.
Mein Freund Charlie hat – um im Bilde zu sein –
für alle Fälle immer einen Dia-Rahmen bei sich,
aber das ist nur ein Zeichen, der Ehering von Natur und Kunst,
und meist hat er ihn in der Hosentasche und nimmt seine Augen, wie sie sind.*

*Beschäftigt womit auch immer
gebe ich mich den momentanen Einzel-Bewegungen in ihren Beweg-Gründen hin.
Und es entsteht eine neue Art von Gründ-lichkeit:
Du glaubst an deine Bewegungen . . . an deine Handlungen . . .:
Deine Bewegung, Moment für Moment sich wandelnd,
ist dein Moment für Moment sich wandelnder Glaubensinhalt,
ist deine in stetem Wandel begriffene Religiosität = Verbindlichkeit.*

*Die Größe der Tat spielt keine Rolle – wichtig ist, daß sie auf-hört:
daß sie ihren Beweg-gründen den Vorrang läßt,
daß sie sich nicht verselbständigt, sondern – innehaltend: ganz Ohr –
immer wieder von Grund auf neu anfängt.*

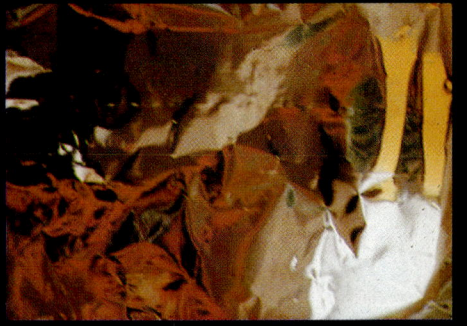

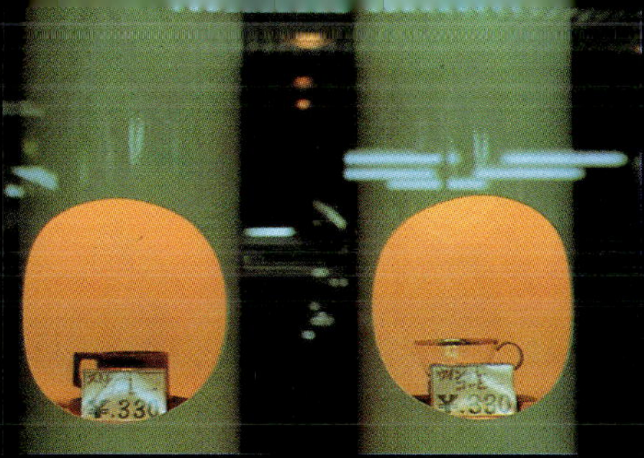

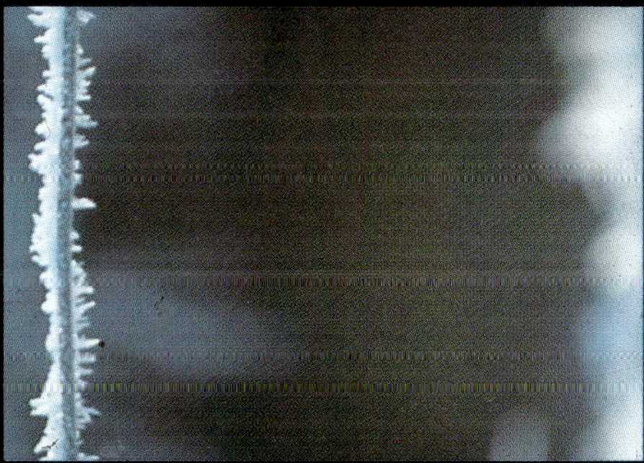

In den
„Thesen zur Zukunft der Musik"
von 1978
ging es mir vor allem darum,
in aller Nüchternheit zu formulieren
was der Musik
eigentlich zukommt, zu sein,
und demnach: zu werden.
. . .
„Musik als unmittelbare,
also nicht semantische,
sondern strukturelle
Wahrnehmung und Mitteilung
verhält sich zur unreflektierten
Körpersprache (These)
und der auf Reflexion angelegten
Verbalsprache (Antithese)
als Synthese:
Musik ist die Körpersprache
des reflektierenden Geistes."
. . .
„Im Gegensatz zur antithetischen,
objektbedachten Sprache aus Worten
geht es musikalisch
strukturellem Kommunizieren
nicht um Aus-, sondern
um Ineinandersetzung:
Das Reden „über" etwas wird aufgehoben
in unmittelbares Einander-Erschwingen.
Kommunikationspartner sind
nicht allein Personen,
sondern alles, was sich
einander gegenüberstellen läßt
und sich somit aufeinander,
ineinander einzulassen vermag."
. . .

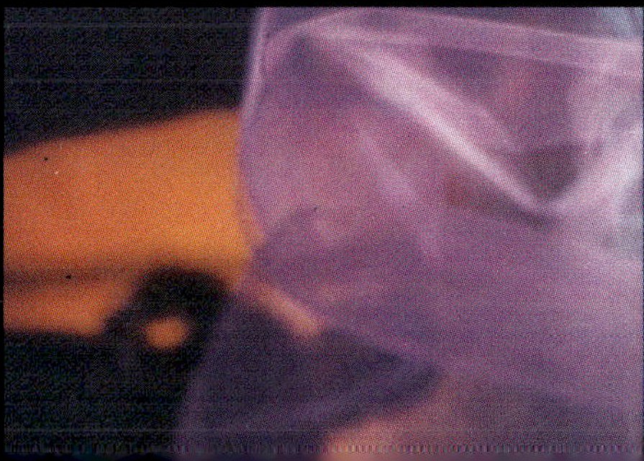

*Die musikalische Qualität des Seins fordert heraus zu einer Lebens-Kunst,
die das Leben selbst derart zu schmecken und schmackhaft zu machen versteht,
daß die Gebärde des drohenden Zeigefingers sich erübrigt
zugunsten des Spieles aller zehn Finger,
wenn es Lebendigem darum geht, Lebendiges zu ertasten . . .*

*Erleuchtungsbeflissenen Eiferern ist das natürlich suspekt.
Wer Leben als Leiden zu durchschauen meint und deshalb zu überwinden trachtet,
der kann dem umwegigen Verhalten einer spielerischen Gesinnung nicht zustimmen.
„Merkst du denn gar nicht", – bekomme ich gelegentlich zu hören –
„daß du neues Karma schaffst, anstatt altes abzuarbeiten?!"*

*Und ich gestehe: Das Schaffen lag mir schon immer mehr als das Abarbeiten,
und ich erinnere an Ananda, der, weil er so gerne dachte,
für den Weg zur Erleuchtung von allen Jüngern Buddhas am längsten brauchte,
und der dennoch des Meisters erklärter Liebling war,
heute aber so manchem Meditations-Lehrer als warnendes Beispiel gilt.*

*Und ich vergesse nicht, zu erwähnen, daß die Letzten die Ersten sein werden,
und umgekehrt natürlich, und daß der fromme Mahayana-Buddhist
nicht eher ins Nirwana eingehen will, als bis er auch den letzten Leider,
oder die letzte Leidenschaft – in sich – zur Ruhe gebracht hat
(Liebe zum Nächsten in wundervollem Doppelsinn:
zum Du, und zum gerade Nächstliegenden),
und ich schüttle die Holz-Rassel der hundertundacht Leidenschaften
und lausche ihr in heimlicher Neugier, Ehrfurcht, Furcht und Lebenslust.*

*Die Kunst, das Leben sich selbst zu überlassen,
ohne den Geist mitsamt den Schuhen an der Garderobe abzugeben,
die Kunst, nicht nur ganz entspannt, sondern auch ganz GEspannt
nicht nur im Hier und Jetzt, sondern auch im Dort und Dann
das Leben nicht nur zu feiern, sondern gleich auch mitzuverantworten,
gleichzeitig als Schöpfer und als Geschöpf,
und sich in seinen all- wie sonntäglichen Schöpfungen
als Nichts und als Du und trotzdem von ganzem Herzen als Ich zu fühlen,
das ganze Einerlei und Vielerlei mit allen Hochs und Tiefs
als Sprache nicht nur verstehen zu meinen, sondern zu erfüllen,
und zu sprechen, mit allem was Ohr ist, das verlangt Übung,
und der nie endende Weg zur Meisterschaft
ist ebenso beschwerlich wie hinreißend
und heilsam, hinsichtlich all dessen, was man zu sein meint.*

*Karma? Das ist die Mitgift des Seins an das Dasein
in Gestalt der unbegrenzten Möglichkeiten, sich ins Sein hinein zu erinnern.*

*Auf dem Gymnasium war ich der denkbar miserabelste Schüler,
weswegen ich dann auch auf ganz besondere Weise nachsitzen mußte.
Schon während der letzten Schuljahre schrieb ich mein erstes Schulwerk
für das Instrument, für das ich von Anfang an nicht üben wollte
(und für dessen Ruf als Kindergartenspielzeug ich mich so schämte):
Der „süßen Flöte" das Buch „süße und bittere Flöte" („flauto dolce ed acerbo").
In den folgenden Jahren quälte ich mich mit kompliziertesten Grifftabellen,
um hinter die Geheimnisse bis dahin „verbotener" Klänge zu kommen,
oder: um bis dahin gehaßte und gemiedene Klänge lieben zu lernen.
1969 begann ich mit meiner zweiten Blockflötenschule,
die erst vierzehn Jahre später, als zehnbändiges Opus,
nach vier verworfenen Fassungen, ihre verlegerische Approbation fand.*

*Alle möglichen anderen Lehr-Bücher entstanden nebenher:
Das Buch „Liebesspiele" mit seinen Konzepten und Fotoessays
zur musikalischen Erfüllung des Alltäglichen.
Die „Schreibspiele": über das Dialogisieren in Linien
(im Anschluß an den wortlosen „Roman" „Handbewegungen").*

Die „Hör-Spiele": wie sich verbale Konzepte
grafisch differenzieren lassen,
als Vorbilder für das Spiel
sich selbst lauschender Töne.
Das „Kursbuch für eine Atemschule",
eine Art Handbuch der Körperkunst,
und das Buch der „Zen-Künste",
darin Konzepte konkretisieren,
wie „Zen" (die Einheit von Existenz und Essenz,
von Sein und Dasein,
von Zufall und Absicht, von Tun und Lassen,
von Hören und Handeln)
sich in allen
möglichen Sphären menschlichen Lebens
zu ereignen vermag.

Da sich mein Brotberuf
auf gelegentliche Kurse und Konzerte beschränkte,
blieb mir bei all der Schul-Arbeit
immer noch genug Zeit
zum Musikmachen,
mit Atem, Stimme, Händen und Füßen,
mit Flöte, Tambura, Koto, Klangschalen,
Schalen, Tellern, Tassen und Töpfen,
mit Tüchern, Papier, Pinsel, Bürsten und Besen,
Fotoapparat, Tonbandgerät,
Synthesizer, Rasierapparat, Rasenmäher,
Steinen, Ästen, Wasser und Wind ... –
und mit Leib und Seele,
und so war mein Schreiben
in der Regel nichts anderes
als die systematische Aufarbeitung
des Selbstversuchs in Sachen Lebens-Kunst.

Als Moral der Geschichte
meiner einst so miserablen Schülerschaft
geht es allem
in diesen Schul-Büchern Geschriebenen darum,
Schüler des Lebens und für das Leben zu sein,
als Ziel den Weg wahrzunehmen
in immer feineren Weg-Abschnitten,
Moment für Moment, Augenblick für Augenblick,
Bewegung für Bewegung
immer eingehender, immer aufmerksamer,
immer ungenierter
wandelnd sich wandelnd,
durch sich hindurch, auf sich hin,
und all dies in der Gewißheit,
weiter und weiter zum Anfänger zu werden:
immer öfter anfangend,
dem Anfang immer näher kommend,
und alles als Lehre akzeptierend, was sich hören läßt.

„Mandala"
Radierung
1980

Allen Regeln schulischer Lehrplanmäßigkeit widersprechend
fange ich auch in meinen Kursen immer wieder von vorne an.
Und am weitesten vorne (– also fortgeschritten –) ist schließlich,
wer dem in immer weitere Ferne rückenden Anfang
am nächsten kommt
und sich nicht scheut, trotz täglichen energischen Übens
und immer entschlossenerer Erfahrungen mit den Weisen des
Lebens,
weiter und weiter von vorne zu beginnen.

Weil es um nichts weniger geht
als um ein neues und zugleich allerursprünglichstes Sprechenlernen
auf dem Rücken all des Sprachwissens,
das wir menschlicherweise schon haben,
hat dieses Lernen, der Sprache des Seins entsprechend, kein Ende.
Einerseits wächst die Lust, sie zu lernen,
mit der sich in ihr stetig steigernden Seinserfahrung.
Und so hart der Kampf ums Dasein als Gesang auch sein mag:
man kann sich dem Sog in seine Wesentlichkeit hinein
nicht entziehen.

Andererseits wird jeder
unverzüglich und unvermeidlich zum Lehrer,
kaum daß er den ersten Schritt des Verstehens hinter sich hat.
Man kann nicht auf die Meisterschaft warten.
Je meisterhafter man wird, desto klarer wird einem das,
und desto leichter vermag man am Ende selbst
bei seinen Anfängern in die Schule zu gehen.

Und gerade das stellt sich dann
als eigentliche Meisterschaft heraus:
den eigenen Stil, das scheinbar Eigentümliche
von Begegnung zu Begegnung weiter zu relativieren,
ja schließlich sich derart aufgehoben zu wissen im All-gemeinen,
daß man in der Lage ist, das Lied des anderen aufzuspüren,
während es noch unerkannt in ihm schläft,
und so seinem Sänger zum Erwachen zu helfen.

Virtuosität des Kommunizierens, des Verstehens, des Hörens ...
oder: die Kunst, seine Feinde zu lieben ...

„Vertikale"
Kalligrafie
1985

Im Mittelpunkt meiner Übungen, Konzerte und Kurse steht
„DER WEG DER STIMME"
als der Weg, ganz unmittelbar mit dem Organ, das zu sprechen gewohnt ist,
die neue Sprachebene der einander be-deutenden Schwingungen zu realisieren;
oder, einfacher: die Töne der Stimme unmittelbar sprechen zu lassen,
oder, noch einfacher: auf elementar schöpferische Weise neu singen zu lernen.

Mein System des Weges der Stimme gliedert sich in sechs Aspekte,
deren jeden ich hier durch drei seiner Grund-Übungen verdeutlichen möchte:

MELODIE
a. Wann immer du dich dabei beobachtest, daß du vor dich hinsingst,
hör dir so aufmerksam wie gerade möglich zu.
b. Nimm dir ganz bewußt Zeiten zum Vordichhinsingen,
spazierengehend oder irgendwo sitzend oder liegend,
und laß dir von deiner Melodie über Gott und die Welt erzählen.
c. Abschnittweise dialogisch einander fortsetzend
erlebe die Beziehung zwischen dir und deinem Freund als melodische Linie.

OBERTÖNE
a. Lausche in einem gleichbleibend tiefen Ton dem Spiel der Klangfarben,
wie es sich ergibt, wenn du Zunge und Lippen bewegst.
b. Bewege dich zwischen zwei beliebigen Lauten hin und her
und vertiefe dich in alle Feinheiten, die du unterwegs wahrnimmst.
c. Singe einen beliebigen Laut, lausche in ihn hinein, setz ihn in Bewegung.

SPRACHLICHE MUSIK
a. Dialogisiere mit deinem Freund in erfundener, nonverbaler Sprache.
Versuche das gleiche im Monolog.
b. Laß – monologisch oder dialogisch – das Spiel spontan sich einfindender Töne
immer vielfältigere und gewagtere Formen annehmen.
c. Eine kleine Gruppe von Leuten sitzt im Kreis.
Von Zeit zu Zeit gibt der eine oder der andere ein Tongebilde von sich.
Jedes Gebilde bezieht sich auf das, was ihm voranging.

ATEM
a. Hörbar ein- und ausatmend – allein, zu zweit oder in der Gruppe –
erlebe dich selbst und deine Mitspieler als Wind im Wind.
b. Unverständliches Geflüster. Impulsive Gesten. Dramatische Lebendigkeit.
Momente plötzlichen, abgrundtiefen Innehaltens. Das Wissen der Stille.
c. Atme lautlos durch die Nase und fühle dich in ihn ein
als in eine in deinem Inneren sich entfaltende Geruchslandschaft.

RHYTHMUS
a. Beobachte Rhythmen in der Natur und laß dich von ihnen inspirieren
in Spielen sprachlicher Musik.
b. Lausche der vielfältigen Rhythmik des Sprechens, und führe sie weiter
auf den Wegen des sprachlosen Umgangs mit deiner Stimme.
c. Der Rhythmus regelmäßiger Impulse, und wie sie sich in Bewegung setzen
im Verlauf unterschiedlich veranlagter musikalischer Prozesse.

HARMONIE
a. Wir sitzen im Kreis und singen lange Töne beliebiger Höhe.
Pausen von Ton zu Ton, sorgen für Transparenz und für Neuanfänge.
Jeder neue Ton bewirkt eine radikale Umgestaltung des harmonischen Gefüges.
b. Alle singen beliebig durcheinander. Je mehr Hören, desto mehr Harmonie.
c. Von buntester Farbigkeit und subjektivster Beweglichkeit ausgehend
versuchen die Sänger, den Gesamt-Klang immer schöner werden zu lassen.

*Aus dem Weg der Stimme ergibt sich von selbst DER WEG DER BEWEGUNG.
Gehen, sich aufrichten und niederlassen, hin- und her, auf- und niederschauen,
die Gesten der Hand und des Handelns, das Mienenspiel des Gesichtes,
das ist er schon, vorausgesetzt, man vermag ihn wirklich wahrzunehmen
mit mindestens der Achtung und Achtsamkeit,
die man Tai-Chi, Yoga, Ballett, Volkstanz, Pantomime
und ähnlichen traditionellen Bewegungsritualen entgegenbringt.*

*Die natürliche Beweglichkeit als Spielraum intuitiven Improvisierens
entfaltet den beseelten Körper in seiner Sprachlichkeit,
die auch diesmal weniger verstanden, als erlebt und erfüllt zu werden wünscht.*

*Die Kunst, mit den Händen zu reden, die so gerne als Unsitte unterdrückt wird,
stellt sich zeichnend und zeigend, tanzend und tönend
auf dem Weg der Bewegung unversehens als DER WEG DER HAND heraus:
Diese zehn Fühler, auch Finger genannt, und ihr überraschender Spür-Sinn!
Die Arme, und wie ihr schwebendes Lauschen die Schwerkraft beflügelt!
Und mein Malerherz, wie es sich mittels seiner Hände
direkt in die Luft schreibt, und gleichzeitig aus ihr empfängt
als ständig sich wandelndes Bild,*

*auch dann noch, wenn ich wieder zu Papier und Pinsel greife . . .
und so sehr es mich befriedigt, mir und dir spurlos als Bild zu begegnen,
so weiß ich doch auch die Spuren zu schätzen,
nicht zuletzt in unserem Ritual des PINSEL-DIALOGES:
Der spontan aufs Papier geworfenen Linie des einen
gesellt ein zweiter eine zweite Linie hinzu.
Beide Linien zusammen erweisen sich als Ich-Du-Polarität,
darin sich auf unfaßbare Weise das Leben erfüllt
in der Komplexität und gleichzeitigen Einfachheit eines Zen-Koans –
eines Schöpfungsrätsels, das den Betrachter ruft
in die Gründe des Seins.*

*ZEN-KÜNSTE . . . Zen-Spiele . . . Zen-Wege . . .
In den ersten Jahren meines Lebens in Japan
brachte ich allem mit dem Namen Zen irgendwie in Verbindung Stehenden
meine uneingeschränkte Ehrerbietung entgegen. Mit der Zeit allerdings
begann der dem Zen geziemende Zweifel die heiligen Kühe
bei den Hörnern zu packen – nicht um sie zu schlachten, sondern um
sie aus dem Gehege der sie zügelnden Konventionen zu befreien.
Es entstanden – zum Teil japanischen Traditionen zuzwinkernd –
lauter „Künste" des Nicht-Machens,
des Sein-Lassens unter Aufwand der totalen Person,
die verwundert aufgeht in der einfachsten Handbewegung,
und dem, was sich aus ihr – Karma – zwangsläufig alles in Bewegung setzt.
Da sitzen wir stundenlang wortlos und still im Kreis,
in der Mitte nichts als ein Tuch, daran von Zeit zu Zeit jemand zupft . . .
(die Kunst des Faltenwurfs!)
oder ein paar Steine, deren einer oder anderer gelegentlich verschoben wird
(Stein-Spiel),
oder es liegt nichts in der Mitte, und ab und zu fällt ein Wort hinein
(Dichtungen – Lichtungen),
oder wir haben nasse Teller im Korb und trockene Tücher in der Hand
(. . .),
oder nasse Tücher in der Hand und dreckige Fensterscheiben vor der Nase
(. . .) –
oder wir sitzen einfach da, der eine so, der andre so,
und schweigen, schon tagelang, und es ist Sesshin, das Fest des Schweigens,
der Zauberwörter . . .*

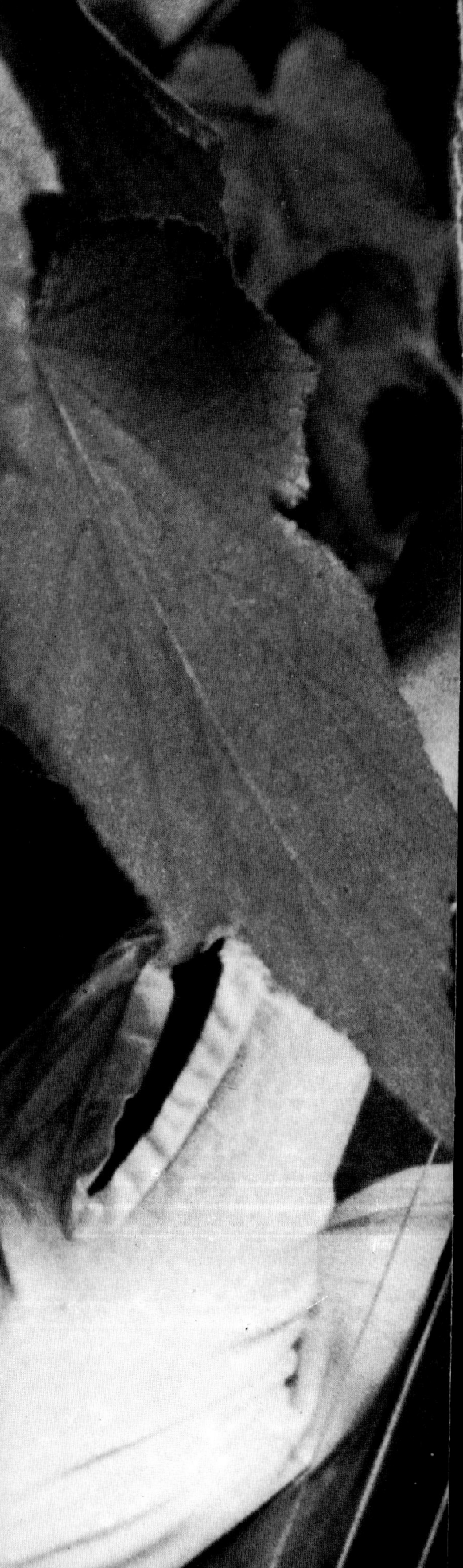

In meinen vielerlei musikalischen Tätigkeiten und Un-Tätigkeiten
erlebe ich mich eigentlich gar nicht in erster Linie als Künstler,
sondern viel eher als Priester einer Religion der Lebens-Kunst,
einer All-Gemeinschaft der Schwingungen, in welcher das Wort religio
sich nicht als Anspruch, sondern als Auftrag zu entsprechen sucht.
Denn es geht ja letztlich nicht darum,
daß sich alle unter einunddasselbe Dogma versammeln,
sondern darum, daß alles sich dialogisch zu verwirklichen vermag
in einer Weise, die, wahrer Dialogik entsprechend,
dem Wechselspiel zwischen Ich und Du die Mitte läßt,
gleichgültig, wie die nächste Antwort ausfallen wird.

Egoistisch wie ich bin,
ist mir mein persönliches Singendürfen und Immerweitersingen
in allen Tonarten, Klangfarben und Registern meiner Existenz
als Gebet, als Sichwinden des Lebens um das Leben
das Wichtigste, weil Liebste,

und doch: die Freude an der Freude des anderen,
an einem immer vielschichtigeren musikalischen Leuchten der Welt
und an einem stetig wachsenden Selbstbewußtsein des Liedes ist so groß,
daß schließlich doch kaum eins meiner Konzerte vergeht
ohne ein Teach-in, eine gemeinsame Schlußübung mit Einführung
oder einen anschließenden Kurs, deren Teilnehmer sich im Weiteren
regelmäßig treffen, um weiter zu erfahren, was es heißt,
Schwingungen miteinander kommunizieren zu lassen.

Es wird nicht lange dauern,
und ein Netzwerk musikalischer Begegnungsstätten wird entstanden sein,
in welchen es ganz bewußt um die Entwicklung und Verbreitung
nicht von Musik in diesem oder jenem herkömmlichen Sinne,
sondern um die Sprache des musikalischen Seins geht
in all ihren Spielarten und Eigentümlichkeiten,
in ihrer absehbaren kosmopolitischen, aber auch persönlichen Heilsamkeit
und in ihrer unabsehbaren Perspektive,
wirklich alles mit allem ins Gespräch zu bringen.

Wie sie entstehen sollen, diese Begegnungsstätten?
Wer sie inszenieren, verantworten soll?
Jeder, der dies gerade liest, wird einer der Leiter sein:
Wird nicht umhin können, mit sich und den Seinen zu spielen
in all den Weisen, derer er sich aufgrund dieses Buches
erinnert als längst in ihm lebendig und wirksam, und das
wird ganz einfach anstecken, wie das nun mal so ist
mit den wirklich gesunden Gesundheiten.

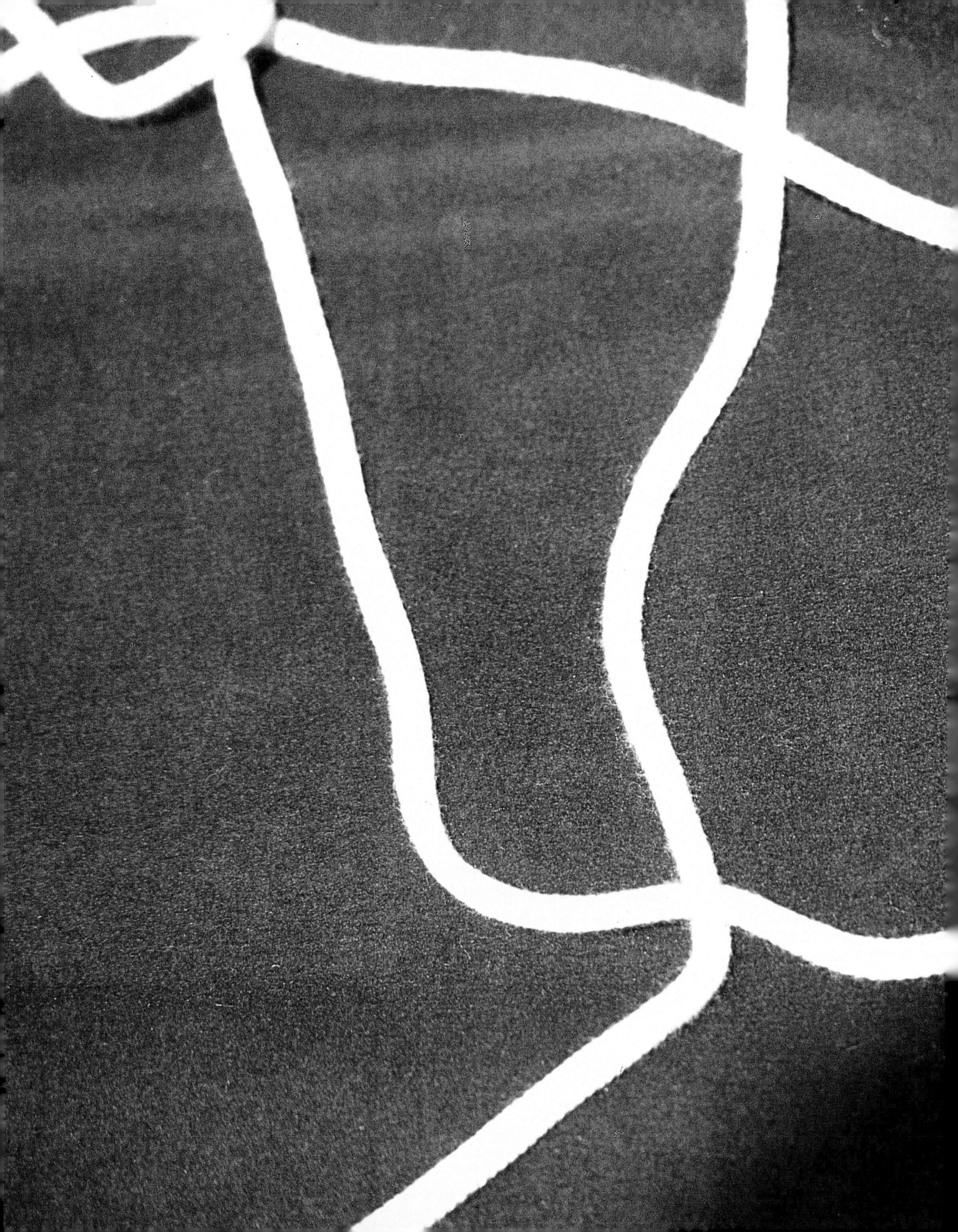

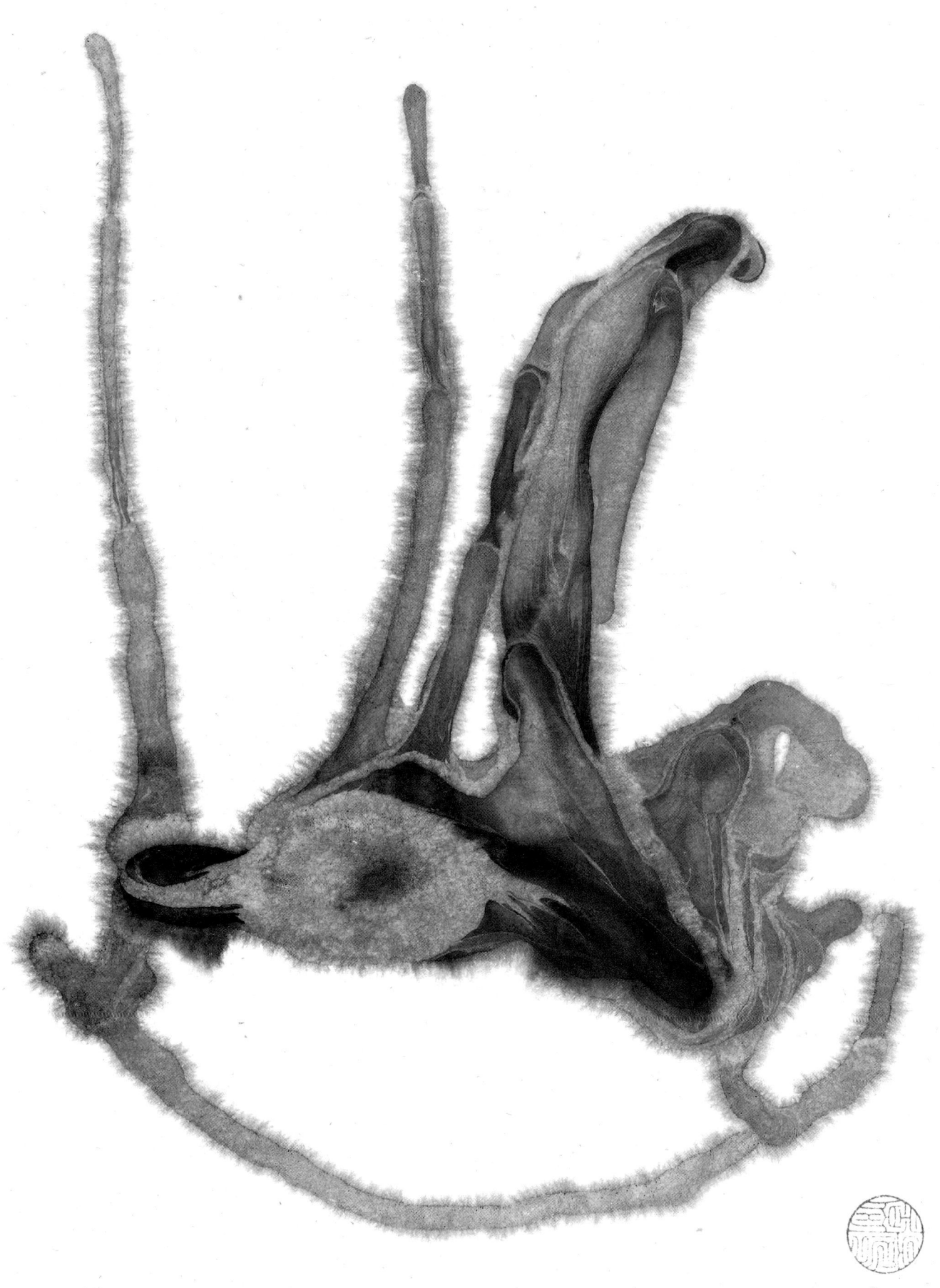

LEBENS-

HAND-BEWEGUNGEN

Einander mitteilen als schöpferisches Spiel von Energie:
einander als Schwingung mitteilen, die zu reflektieren:
zu be-deuten: in sich zu verweisen: zu wissen vermag,
die Sprache der Schwingungen erleben, wie sie durch alles hindurch geht,
nicht nur durch die Wörter sprechenden Menschen,
sondern durch alles Lebendige, Bewegliche schlechthin,
diese Vision des Universums als Sprachgeschehen
veranlaßte mich Anfang der 70er Jahre
zu meinem transverbalen „Roman" „Handbewegungen".

„Schrift" ereignete sich hier unmittelbar
als die lineare Spur der tanzenden Hand.
Was für Triebkräfte vermochten diesen Un-Sinn zu motivieren?
Einerseits die Freude an der Bewegung und am Betrachten ihrer Spuren,
andererseits die Suche danach, dieses Selbst
unmittelbar in seinem Wesen zu er-fahren.

Das Spiel, das als ekstatisch-meditativer Monolog begann,
weitete sich sehr bald aus in ein breites Feld von Dialogen:
wem immer ich begegnete, dem legte ich mein Buch vor und lud ihn ein,
Zeile um Zeile im Wechsel mit mir seine Bewegung spielen zu lassen.
Die Spielregel war einfach und sollte auch in keiner Weise
tiefgründig dem Erlebnis selbst vorweggreifen:
Schreib, ohne Worte,
aber in dir ansonsten schriftlich vertrauter Bewegung.
Wolle so wenig wie möglich. Um so mehr nimm wahr: sei dabei!
Die vorangehende Zeile,
ob es deine eigene ist oder die eines Schriftpartners,
ahme nicht nach, sondern nimm ganz einfach als Vor-Läufer.

Im Vordergrund der Aufmerksamkeit stand die Struktur insgesamt,
ihre Einzelheiten sollten sich möglichst unbeabsichtigt ereignen,
um hinterher umso tiefer in Erstaunen versetzen zu können.
Ein Erstaunen, aus welchem sich früher oder später
eine ganz neue Wissenschaft herausstellen könnte,
eine „Grafologie des Schöpferischen", oder eine „schöpferische Grafologie" . . .

Was sich im grafischen Dialog von Person zu Person herausstellte,
sollte sich bald auch für denjenigen verschiedener Schriftkulturen
als wahr erweisen:
Indem man sich im Spielraum seiner manuellen Mikrostrukturen begegnet,
setzt man sich auch schon gegenseitig in Bewegung:
bricht spielerisch die mächtigsten Ordnungsraster auf
und bezieht einander ein in die ungewohntesten Bewegungsweisen.
Man bereichert, inspiriert einander auf einer Ebene, welche als Grundlage
aller weiteren, „gegenständlicheren" Bewegung verstanden werden darf.
Die ursprüngliche Sehnsucht des Geist-Stoffes erfüllt sich,
auf immer feinere und zugleich immer umfassendere Weise
in die Innen- und Außenwelt seiner zahllosen Ich-heiten hinein
das vielfältig Eine sich auf immer neue Weise kommunizieren zu lassen.
Wörter und Symbole finden zurück zu ihrer ursprünglichen Bedeutung
als Reflektoren von Schwingungsgeschehnissen.

ZEICHEN

*Die alte Idee, Kunst und ganz besonders Musik
sei eine völkerverbindende Kraft,
bewahrheitet sich auf verblüffend weitreichende Weise:
Ist es das „Musikalische" am Leben,
sich unmittelbar als Schwingung wahrzunehmen,
dann lernen wir in dieser Weise „musikalischen" Schreibens,
wesentlich zu kommunizieren: Nicht ÜBER Dies und Jenes,
sondern uns selbst, unmittelbar.*

*Dem unbeteiligten Zuschauer wird das Spiel der Linien
reichlich belanglos erscheinen, und er wird sich sehr bald abwenden
und nach Gescheiterem Ausschau halten,*

*es sei denn, man bringt ihn kurzerhand selbst zur Aktion.
Dann allerdings wird sich alles mit einem Mal von selbst verstehen.
Schon die erste selbstgeschriebene Zeile macht stutzig:
da ereignet sich etwas ganz und gar Unerwartetes,
das weit über den Genuß hinausgeht, sich als Maler zu erleben.
Hat man indessen erst einmal ein kleines Paket von Seiten geschrieben,
ist man erst einmal einigermaßen
dem Geheimnis seiner tanzenden Hand auf der Spur,
dann macht sich das unmittelbare Erleben schöpferischer Energie
als derart be-geisternd bemerkbar,
daß man alle Argumente vergißt und nicht mehr anders kann
als sich fasziniert dem Geschehen selbst hinzugeben.*

*Und deshalb am Ende dieser Seite der Aufruf an meine Leser:
Dieses verrückte Spiel selbst fortzusetzen,
als grafisches Tagebuch etwa, das man stets bei sich trägt,
um immer mal zwischendurch, allein oder im Dialog mit Freunden,
ein paar Zeichen oder Zeilen oder Seiten hineinzuschreiben.*

*. . . oder auch als Ketten-Brief.
„beantworte mir meinen beiliegenden ‚Brief' in struktureller Schrift
und schreibe ähnliche Briefe an einige deiner Freunde,
um sie zur Fortsetzung zu animieren"
(mit Hilfe entsprechender Beilagen, z. B. einer Fotokopie dieser Doppelseite).*

*Es wird nicht lange dauern, und dein Kettenbrief wird dir
von allen möglichen bislang unbekannten Seiten neu begegnen,
und damit geht die Sache erst richtig los:
ein weltweites Sichaustauschen tanzender Hände wird sich ergeben,
eine Hieroglyphenkorrespondenz ohne Ende, deren Lektüre
sich als eine Art Singen des Herzens herausstellen wird.*

*Das Netz der Begegnungen und die Feinheit ihrer Strukturen
wird den Energien derart Gelegenheit geben, sich im Nächstkampf*

*auszutoben und auf ihre Potenzen einzulassen,
daß in die Friedlichkeit des Friedens die Bewegung hineinkommt,
die das Einanderbekriegen erst eigentlich erübrigt.*

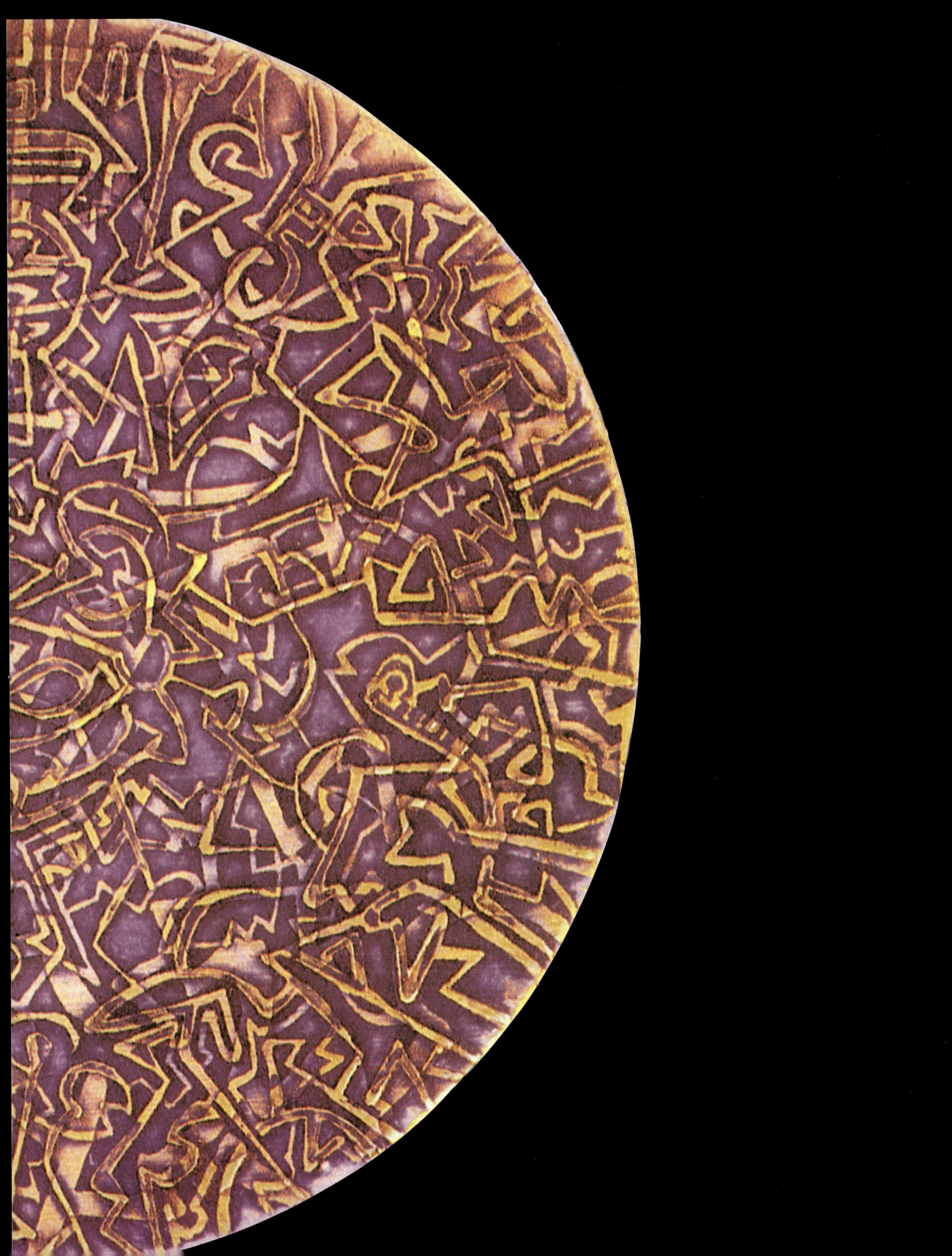

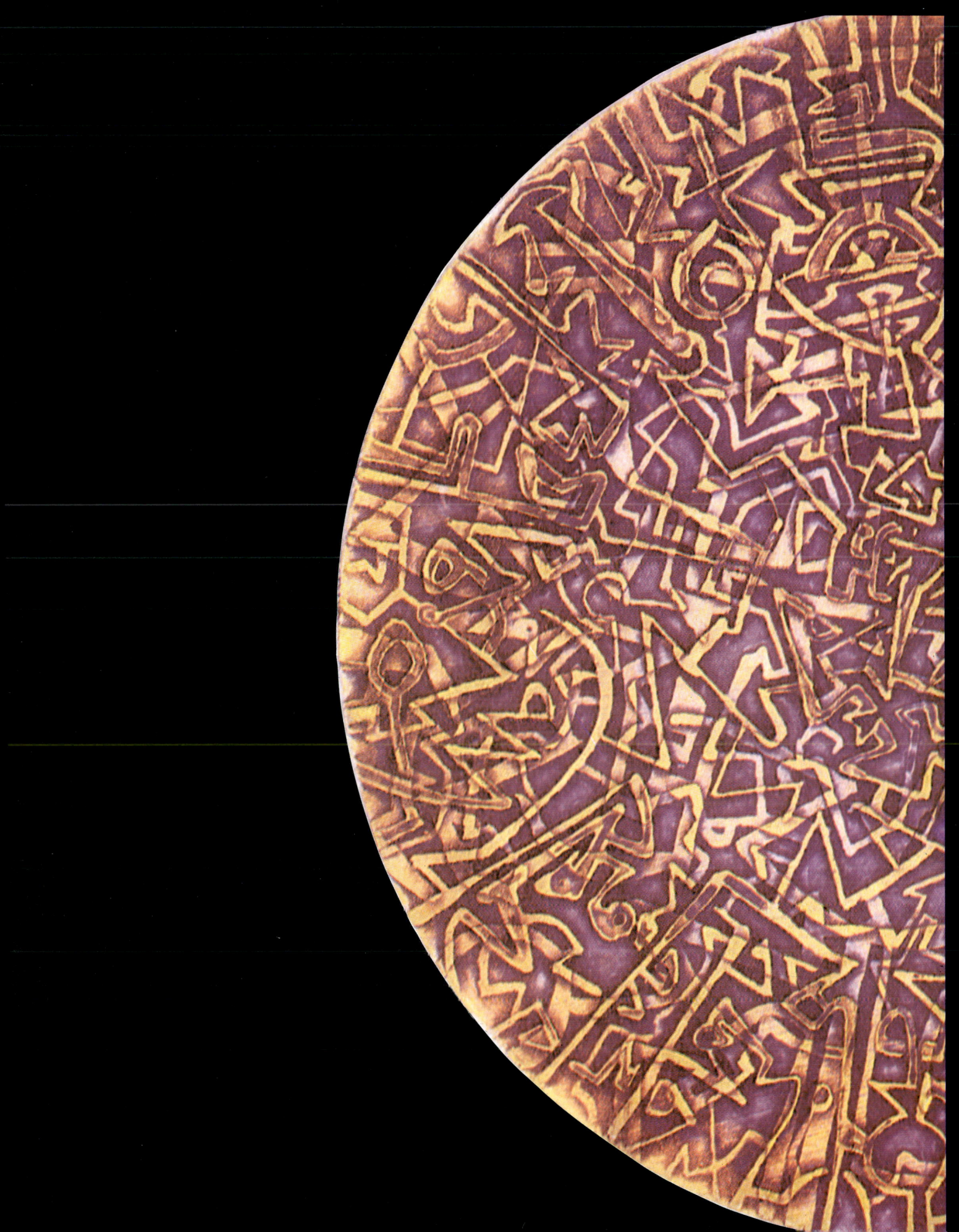

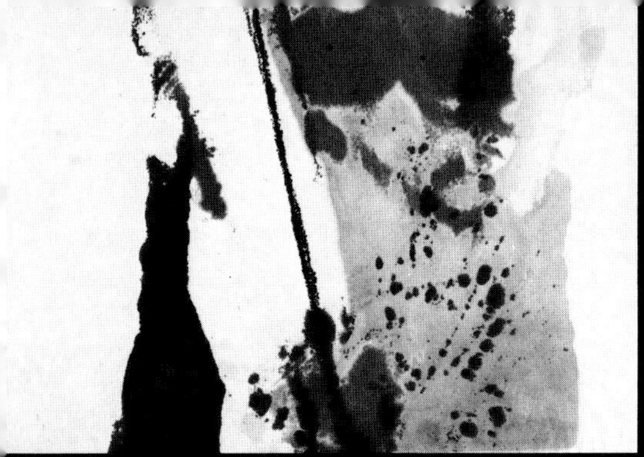

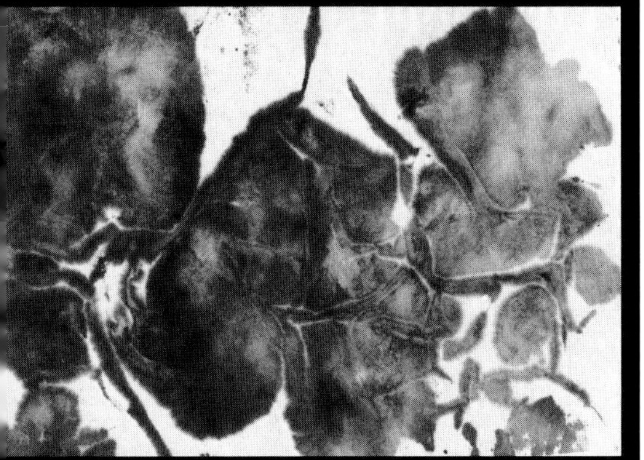

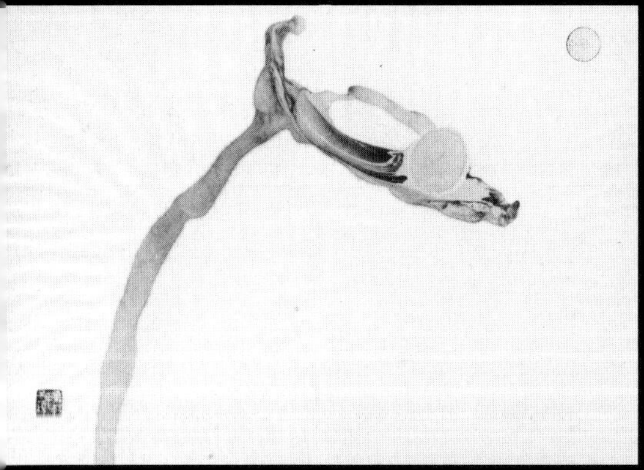

*Der Zufall wird zum Einfall,
wenn man den Hut hinhält.*

*Daß irgendwas kein Zufall sei,
höre ich sagen, voller Pathos
(als entspräche es dem Wesen Gottes,
sich rar zu machen . . .),
und gleich danach von anderer Seite,
resigniert,
es habe nicht sollen sein
(was doch gerade jetzt,
in anderer Form, zu sein sucht . . .),
während von dritter Seite beteuert wird,
es gäbe keine Zufälle.*

*Wohingegen ich eher darauf bestehen möchte,
daß alles Zufall ist.
Ich mag einfach nicht glauben,
daß dem einzigen Gott irgend etwas
versehentlich durch die Finger rinnt.
Und sei es nur ein Staubkorn, ein einziges,
dieses eine würde in diesem Moment
den Beweis antreten
für einen noch einzigeren Gott,
auf dessen Suche ich mich
unverzüglich begeben würde.*

*Jung unterscheidet zwischen mehr
oder weniger sinnvollen Zufällen.
Aber das mit dem Sinn und dessen Fülle
ist mir vollends verdächtig,
denn es verdammt mich doch dazu,
die mächtigen Einbrüche des Unbegreiflichen,
die da wirklich pausenlos
auf mich herniederprasseln,
an den bescheidenen Kriterien
meiner Sinnes-Wahrnehmung zu messen,
und demnach als Gott gelten lassen zu sollen,
was mir selbst zufälligerweise
mal nicht durch die Finger rinnt.*

*Sinnvoll soll sein, was mir in den Kram paßt?!
Nun gut, aber dann werde ich mich
mit mindestens dem gleichen Einsatz
um das Widersinnige kümmern.
Und ich sehe ein: Mein Hut (s. o.) hat Recht!*

ZUFÄLLE

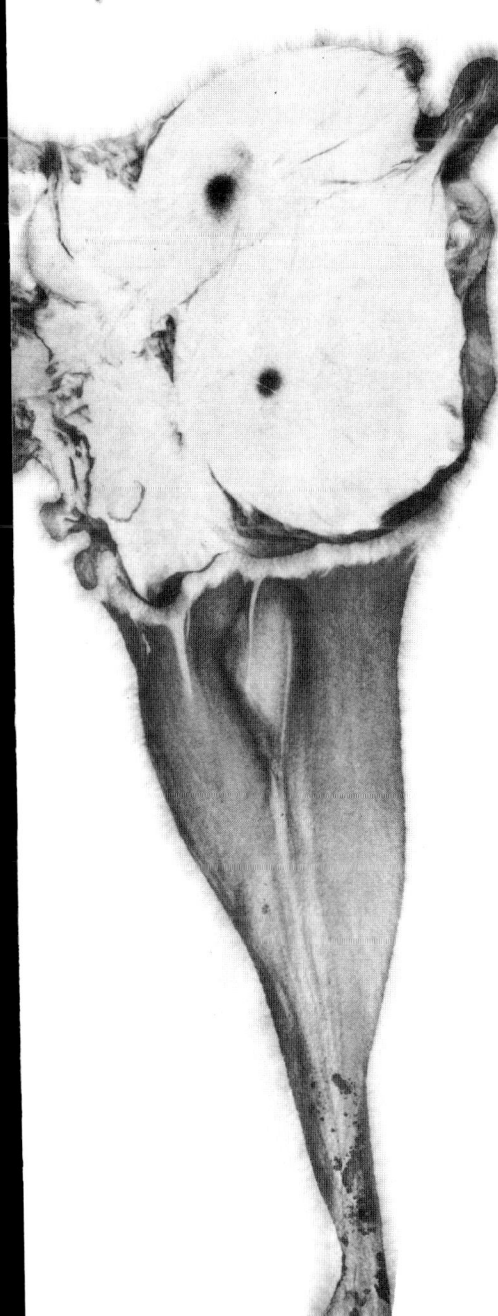

Und aus dem Ausschauhalten,
dem ungenierten AusDerWäscheHeraus
InDieWeltHineinschauen
in der Einbildung, man sei unbeobachtet,
erwächst ein neues Sehen,
geprägt durch das Bewußtsein, gesehen zu sein,
pausenlos, vom Wesen des Ganzen,
dessen zahllosen
in allem und jedem leuchtenden Augen
ich nur allzu gelegentlich begegne
und mehr und mehr zu begegnen suche.

„Gott sieht alles!"
Hieß es, als ich Kind war.
Daß diesen Satz niemand
von diesen Erwachsenen glaubte,
die ihn mir glauben zu machen suchten
(Mutter protestiert),
merkte ich, als seine Wahrheit
mich viel später erwischte
im Rilkeschen „Da ist keine Stelle,
die dich nicht sieht:
Du mußt dein Leben ändern".

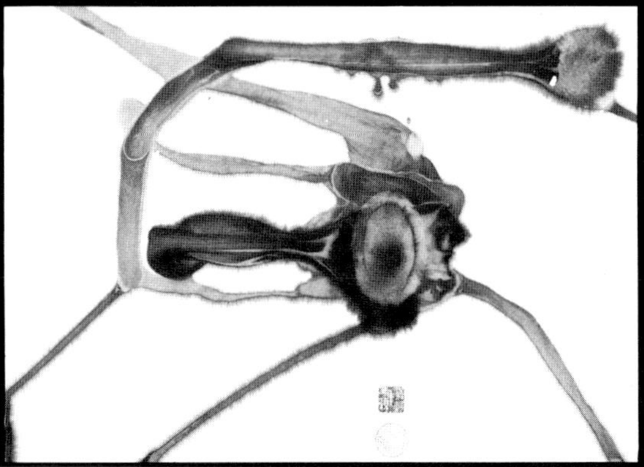

Und so wurde meine Bibel
die Fülle der Zufälle, das heißt,
die Unberechenbarkeit des Göttlichen
im scheinbar noch so Unwesentlichen.
Zum Beispiel in meinen Bildern.

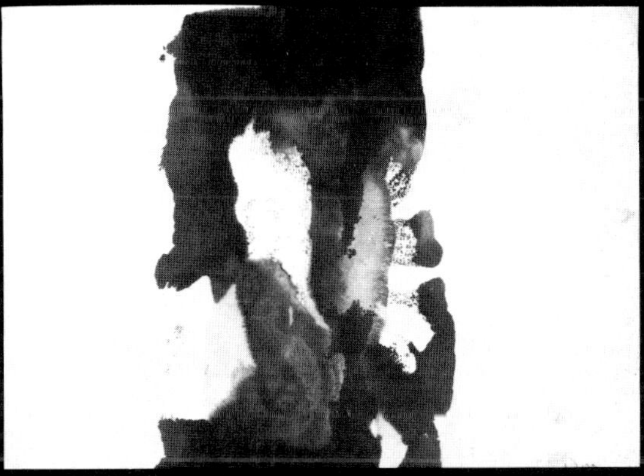

Die großen Offenbarungen
liegen alle öffentlich aus.
Friede, Friede. Unter Einsatz
aller zur Verfügung stehenden Kräfte
(und schon gehen die Meinungen
zornig auseinander!).

Nein, es geht um viel, viel weniger.
Es geht um das Unwesentliche.
Es geht um das Allerunwesentlichste.

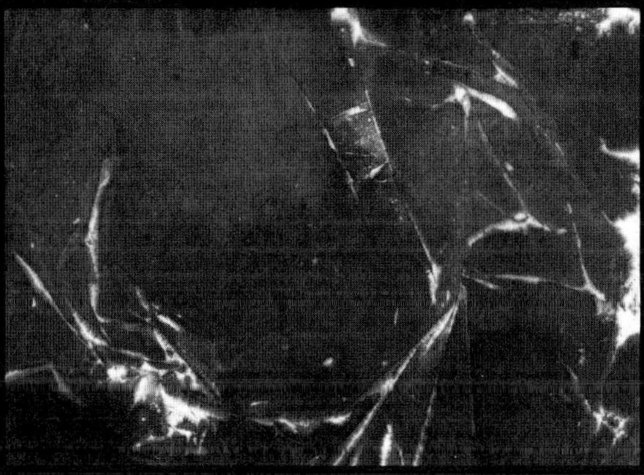

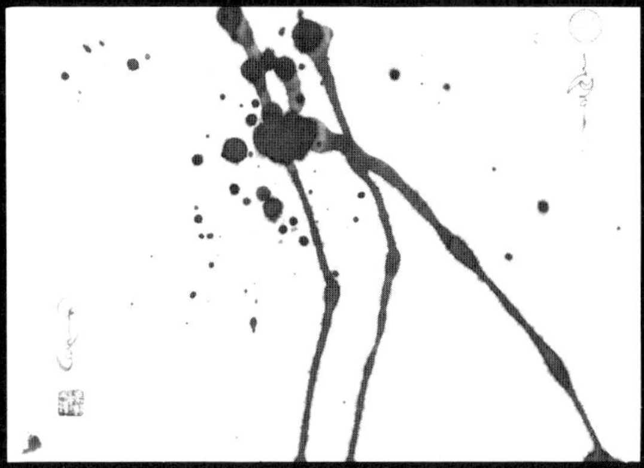

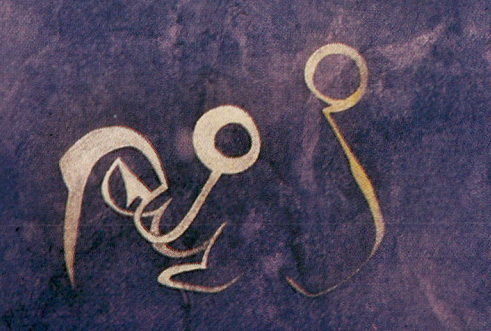

SICHTBARE ZEIT

„Musikalischem", also transverbalem Schreiben,
oder sagen wir: schreibendem Malen
geht es um die Bewegung,
und damit auch um deren Geschwindigkeit.
Dem Mittelmaß der Geschwindigkeiten entspricht ein „Andante":
ich schreibe so schnell, wie es meinem Auge angenehm ist, mitzugehen.

Je weiter ich – beschleunigend – über dieses Tempo hinausgehe,
desto weiter lasse ich den Zufall mitspielen
und den anatomischen Eigen-Willen der Hand.
Gleichzeitig aber treibe ich meinen Gesichtssinn an, schneller zu lesen,
ohne ungenau zu werden, und doch
auch unter Einbeziehung der Kunst des Überfliegens,
der summarischen Wahrnehmung von Zusammenhängen.

Je weiter ich – andererseits – das Tempo verlangsame,
desto ausführlicher spielt die Absicht mit, und in ihr
das Ein-, Um-, An-, Aus-, Über-, Vor- und Rücksehen . . .:
Ich kann in wörtlichem Sinne hin und her überlegen,
während ich mir Zeit lasse mit den Feinheiten einzelner Liniensegmente.
Entscheidungen fallen weniger spontan, aber auch weniger pauschal.
Seltener, und doch dichter, vielleicht.

Zwischen schnellster und noch schnellerer Schnelligkeit
und langsamster und noch langsamerer Langsamkeit
breitet sich die Landschaft der zahllosen Tempostufen aus
und der Spielraum von Verlangsamung und Beschleunigung,
und das entsprechende Kontinuum zwischen Absicht und Zufall,
deren Aspekte im Verlauf der Er-fahrungen auf dem „Weg der Hand"
in vielfältigster Weise einander er-örtern.

Entspricht das östliche Denken
dem Tempobereich innerhalb und oberhalb des Andante,
demjenigen also, darin die Bewegung das Auge belehrt,
so entspricht dem westlichen Denken der Bereich unterhalb des Andante,
derjenige also, darin das Auge der Bewegung diktiert.
Kein Wunder: sieht man in der gelöst spontanen Pinselführung
einer aus dem Augenblick hingeworfenen poetischen Zeile
das Wesen fernöstlicher Kalligrafie,
so erlebt man als Inbegriff westlicher Schönschreibkunst
die allerfeinst ziselierten Initialen heiliger Schrift.
Dem schönen Sein steht der schöne Schein gegenüber –
aber nein! Das ist nun wirklich zu viel der Systematik!
Es geht nicht ums Ent oder Weder, wenn es ums Gehen geht!

Mir selbst wurde mehr und mehr das Tempokontinuum als Ganzes wichtig,
und so gab es neben den verschiedenen Weisen flüssigen Schreibens
doch immer auch andere, in denen die Langsamkeit das Maß
der Dinge bestimmte.
Abgesehen vom Cosmic Comic
(wie alle meine Bücher der 70er Jahre vergriffen),
der in großangelegter, wissenschaftlich poetischer Innigkeit
die Beweg-Gründe und Beziehungs-Weisen aller möglichen
Tempostufen auslegte,
und von den als Schallplatten-Covers bekannten goldvioletten Mandalas,
über deren Entstehung ich in tiefster Selbstvergessenheit
dem Leben der Linie lauschte,
erreichte ich hinsichtlich der Schnelligkeit
(also der musikalischen Bewegtheit) des Langsamen
meinen Höhepunkt mit einer langen Reihe von Radierungen.

Nicht allein, daß die Haltbarkeit der Radierplatte
und die Multiplizierbarkeit des auf ihm entstandenen Bildes
mich noch einmal zu geradezu exzessiver Sorgfalt beflügelten:
aus einer speziellen Arbeitsmethode ergab sich
das allen meinen Radierungen gemeinsame kompositorische Prinzip
der „zweistimmigen Lineatur":
die mit den Linien der ersten Stimme versehene Platte kommt ins Ätzbad,
wird nach dem Baden mehr oder weniger gereinigt
und schließlich mit einer zweiten Stimme versehen,
deren Linien – nach abermaligem Ätzen –
mit denen der ersten Stimme in einer Weise dialogisieren,
die man mit nichts besser vergleichen kann
als mit musikalischer Zweistimmigkeit.
Wo aus dem Zwiegesang zweier musikalischer Linien
akustischerweise als Drittes eine Harmoniefolge entsteht,
zeigt sich im grafischen Linienspiel der Zwischen-Raum als Form.

Einen besonderen Effekt bringt auch die Überlagerung,
das Unisono linearer Elemente:
insofern sie von beiden ätzenden Bädern verschont blieben,
bilden alleine sie die leuchtende Oberschicht der Platte.

Eine Kombination aus Hoch- und Tiefdrucktechniken erlaubt es,
den Dialog der Linien als das Gespräch zwischen zwei Farben
auf faszinierend räumliche Weise in Erscheinung treten zu lassen.

Dieser Farbdialog brachte mich übrigens zum ersten Mal
seit mindestens einem Jahrzehnt wieder in die Verlegenheit,
mich als Maler der Herausforderung der Farbe zu stellen,
die für mich um so bedeutungsvoller ist,
als ich einigermaßen rotgrünblind bin.

Ich trug dieser Tatsache Rechnung, indem ich mich
für das Ganze meiner vorläufig rund 200 Radierungen
auf den Dialog der Farben Gelb und Blau (bzw. Lila) beschränkte,
deren Zusammenspiel das mir so rätselhafte Grün ergibt
(daß es für den Ton Lila nicht mehr so ganz stimmt,
fällt mir bis heute ebenso wenig auf
wie der Unterschied zwischen Blau und Lila überhaupt).

Bei der Konzentration auf dieses Farbenpaar
ging es mir nicht allein darum,
mich dem Rätsel des Grünens im Spielfeld von Blau und Gelb zu stellen.

Es ging mir um das Wunder, in zahllosen Drucken
immer wieder neue Begegnungen und Mischverhältnisse
aus diesen beiden Farben herzustellen, die vor meinen Augen einander
gegenüberstanden
wie der Engel des Lichtes dem Engel der Finsternis.

Diese Radierungen sind ein ganz besonders sprechendes Beispiel dafür,
was es heißt, seitens der Augen musikalisch zu erleben und zu gestalten,
ohne daß es in irgendeiner Weise darum geht,
akustische Fantasien heraufzubeschwören.

Radierungen befinden sich auf den Seiten 108/109 sowie den
Seiten 58, 62/63, 83, 92/93, 96/97, 100/101 und 108 bis 117

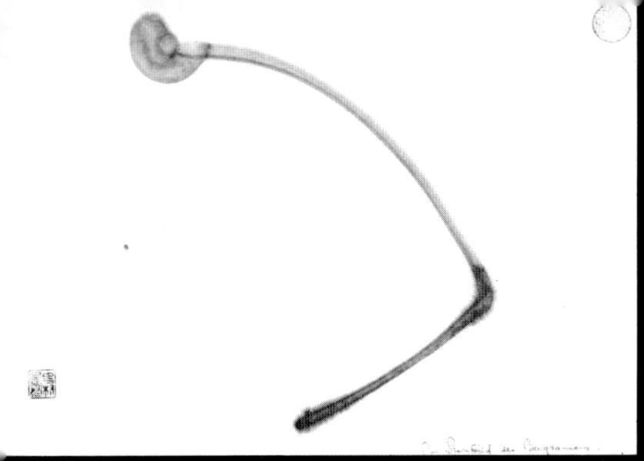

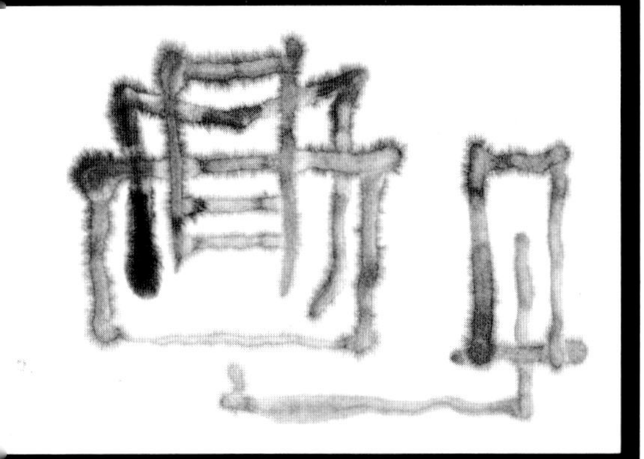

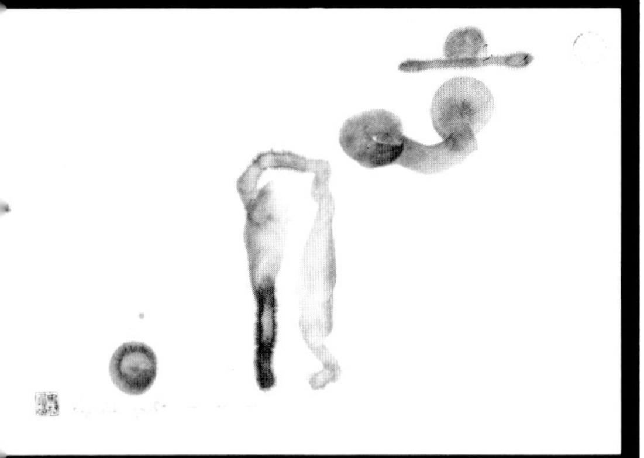

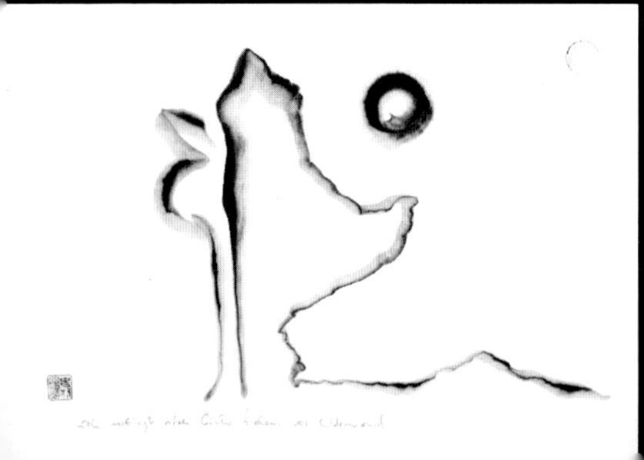

DAS BUCH DER ZEICHEN

*Das Buch der Zeichen ist ein grafisches Tagebuch.
Einigermaßen täglich wächst es um ein neues Kapitel,
darin sich in spontaner Folge auf Einzelblättern
intuitiv Zeichen aneinanderreihen,
mit Hilfe japanischer Tusche und japanischen Pinseln,
deren Bedeutung aus dem Miteinander ihrer Bewegung
unmittelbar zu ersehen ist.*

*Kein Zeichen wiederholt sich
so daß man es als bekannt voraussetzen dürfte,
keins verlangt oder erlaubt symbolische Interpretation.
Verstehen heißt, sich mitbewegen,
also: sich bewegen lassen
und der Bewegung erlauben, sich fortzupflanzen.*

*Meine Malzeiten sind schon seit Jahren
unmittelbar mit den Mahlzeiten verknüpft:
Alles, was ich zum Malen brauche, hebe ich im Küchenschrank auf
in den zwei Schubladen unterhalb des Besteckfachs.
Sobald ich zu Ende gegessen habe, ersetze ich meinen Teller
durch die Filzunterlage für das Japanpapier.
Nicht selten bin ich der letzte, der vom Eßtisch aufsteht . . .*

*Was mir auf Anhieb mißfällt, knautsch ich zusammen
und werf es unserem Kater zu, der schon seinen Kopf reckt,
wenn er das Knistern des Papiers hört.
Aber auch später, und manchmal viel später noch einmal
sortiere ich aus, was ich nicht noch einmal sehen möchte.
Und von Zeit zu Zeit entsteht ein Palimpzest:
ein wildes Tintengeflute und -gespritze
auf dem Hintergrund wohlgeordneter Lineaturen,
welche ihrerseits die Raserei des chaotischen Werdens
durchschauen: ordnen, bewußt werden lassen als Zeichenfülle.*

*Wenn ich um eine Ausstellung gebeten werde,
setz ich mich hin und mal für sie bis es Mitternacht wird.
Die Blätter werden numeriert, dann kann man aufhängen,
wie und was man will, und austauschen,
ohne den ursprünglichen Zusammenhang preiszugeben.
Schön natürlich, wenn alles nebeneinander hängen kann:
Man erlebt den Prozeß, mit all seinen inneren Beziehungen,
seinen Übergängen, seinen stillen Zwischen-Räumen
und seinen verblüffend abrupten Aufbrüchen.
Aber es ist auch reizvoll, neue Zusammenhänge herzustellen,
und neue Gegensätze,
Bilder zu vereinzeln, und andere sich ballen zu lassen.
Ich erinnere mich an die „Schwarze Wand" aus einigen hundert
dicht an dicht über- und nebeneinandergehängten Blättern
im barocken Treppenhaus des Minoriten-Refektoriums in Graz.*

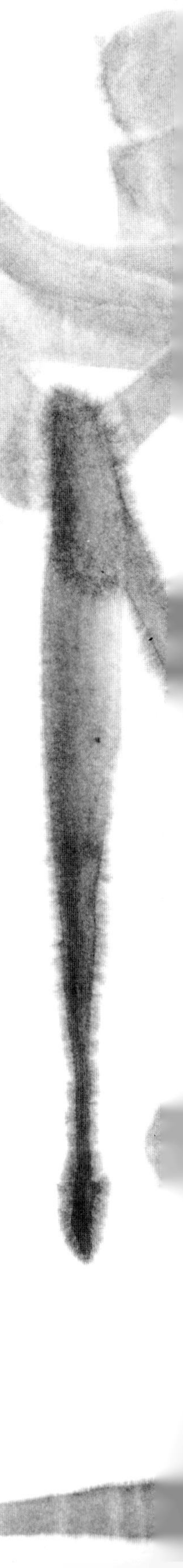

*Auch verkauft werden nur ganze Kapitel.
Da hat man dann ein Buch bei sich zu Hause,
aus dem man immer wieder neue Begegnungen herstellen kann.
Ein Tagebuch: das Buch eines Tages,
ein Zeitspiel zum Vor- und Rückwärtslaufen
und zum Sichvertiefen in Augenblicke, innehaltend, beliebig lang.
Und zum Weiterschreiben, in Gedanken oder in der Tat,
mit Pinsel oder Feder – oder mit dem Finger
in der Luft,
oder auf die Fensterscheibe,
oder in den Sand ...*

*Ich denke, die Arbeit am Buch der Zeichen
wird mein Leben lang so weitergehen.
Ich spüre, diese Schrift braucht mindestens ein Leben,
und ein möglichst langes, um Sich aus sich herauszustellen,
um sich wirklich entfalten zu können,
um ihre wahre Vielfalt und ihre noch wahrere Einfalt auszuleben,
um sich auf die Sprünge zu kommen, und auf die Schliche, und auf die Spur,
und um sich schließlich einzuholen.*

*Mir selbst ist, was ich male, das größte Rätsel,
und all mein Verstehen, je weiter es wächst,
fördert die Tiefe der Rätselhaftigkeit
und läßt mich immer geduldiger und immer gespannter
nicht wissen.*

*Ich habe das aufregende Gefühl, der Geburt einer neuen Schrift
beizuwohnen, ja mehr: sie selbst zu gebären:
aus mir heraus, durch mich hindurch zu lassen.
Aber eine Schrift, die nach keiner Seite hin Grenzen kennt:
die Schrift, in welcher die Schöpfung schlechthin sich schreibt.*

*Und während es manchmal den Anschein hat, als käme
geradezu planmäßig logisch
ein Gebäude zueinandergehöriger Zeichen zustande,
beinah ein Lexikon, ein Zeichensystem,
habe ich doch gleichzeitig oder spätestens im nächsten Augenblick
das Erlebnis, daß sich da längst etwas dichtet,
daß die Schrift entsteht, indem sie sich singt
als Hymnus, als Geschichte,
die Geschichte der Linie, die erzählt, was mit ihr geschieht,
während sie zu sich kommt, durch mich hindurchbrechend.*

MANDALAS

*Mandalas sind Ikonen des Universums.
Das Universum ist das Ein-Wendige.
Das Universum bist du und bin ich,
so wahr wir einander sind.
Das Universum ist das grenzenlose Spiegelkabinett,
das mit unseren Grenzen sein Spiel treibt.
Das Spiegelspiel treibt es
mit der assoziierenden Reflektion von Analogien.
Vergessen und Wiedererkennen treiben die Kräfte
des großen Welttheaters.*

*Dir nachspürend, Leben, geliebtes,
verlauf ich mich als Spur auf violettem Grund.
Violett, das ist die Farbe, in welcher das Rot pulsierenden Lebens
und das Blau ätherischer Ruhe einander vereinen.
Gold feiert warm reflektierend das Licht im Spiel der Spur.
Weiß, aber auch Schwarz ist die Summe sich wissenden Lichts.
Unendlich die Zwischentöne des Geistes
im Spiel zwischen Dichtung und Lichtung.
Der Grund, im Farbenspiel von Blau, Violett, Schwarz und Weiß,
entsteht im Rauch des Zufälligen.
Die Kunst des Spiels mit dem Unabsehbaren ...
Also zum Beispiel werfe ich die Farbe in die Luft,
um sie dann dem Papier zufallen zu lassen.
Was immer an Können sich unterdessen zwangsläufig heranbilden mag,
ich stell es gleich in den Dienst der Natur des Zufalls.
Zufälligerweise geht's meistens schneller,
als ich wahrnehmend zu denken vermag.
Man braucht immer einen, der schneller ist.
Für mich ist das der Zufall.*

*Der Goldton dagegen, diese Farbe, die eigentlich keine ist,
eher ein Spiegel,
dient mir der Niederschrift sich reflektierender Absichtlichkeiten.
Was der Zufall an Geschwindigkeit,
das hat die sorgsam gepinselte Linie mir an Langsamkeit voraus,
und diesmal ist sie es, die meine Absichten zu überholen weiß,
eben durch die Reflektion – die Reflexion:*

*Weitaus langsamer handelnd (malend) als sehend nämlich
revidieren sich die Pläne zum Fortschreiten
aufgrund der Einsichten in die tatsächlichen Ergebnisse,
die einmal hinsichtlich der Eigenwilligkeit des Pinsels,
beinahe aber mehr noch durch die Herausforderung
allseits mich anstrahlender Beziehungen
immer wieder Neues zu berücksichtigen aufgeben;
und wieder tut sich,
diesmal allerdings aus der Dichte der Absichtlichkeiten,
eine Perspektive des Zufalls auf.*

*Zufälliges, von außen,
und Absichtliches, von innen auf mich zukommend,
beides ist mir, dem malenden Betrachter, ein Rätsel.
Herr, bin ich's? höre ich mich fragen,
und während mir beiderseits ein lachendes Ja antwortet
und ich mich deutend schon zu wissen anschicke,
schaue ich letztlich durch Frage, Antwort und
Bedeutungswissen hindurch
in die Mitte hinein, die mich ist.*

*Gegenständlich?
Abstrakt?
Konkret?
Spuren auf dem Papier hinterlassend
erlebe und erleide ich die erregende Spannung
zwischen reiner Bewegung, den Assoziationen,
die sich an das bildhaft statische Ergebnis haften
und was sich aus beidem an Analogien in Umwelt und Inwelt ergibt
und während ich jedem für sich
in seinem dramatischen Absolutheitsanspruch
seinen Tribut zahle,
fühle ich doch zugleich
alles einander auf die tröstlichste Weise sich aufheben.
Ganz von selbst ergibt sich auch hier
ein Spannungsfeld zwischen Haben und Sein:*

*Gegenständliches manifestiert sich spiegelnd als in sich verhaftet,
um mich dann Schritt für Schritt in universale Strukturen zu erlösen,
und Strukturen, die ich als Fluten ekstatischen Seins
unschuldig glaube fühlen zu dürfen,
verwandeln sich unversehens in die Geister,
die sich in der Welt meiner Existenzen tummeln
und, gut oder nicht, meine Blicke zu fesseln trachten.
Aber auch du, Maya, Göttin der Illusion, seist bedankt und gelobt.
Nicht zuletzt bist du's, der ich das Mandalaspiel,
die Hingabe ans Bildliche des schöpferischen Seins,
verdanke.*

*Ach so: Warum sie nicht rund sind, diese Mandalas.
Aber sie sind's doch, nach wie vor, nur: ich schaue eben näher hin,
breche sie auf und beiße hinein,
ergehe mich in den Rändern ihrer Mitte, seiltanzend,
und treffe unversehens, immer wieder, wie man sieht,
auf ihre Rundungen, unterwegs, und liebe sie
beinah zuviel.*

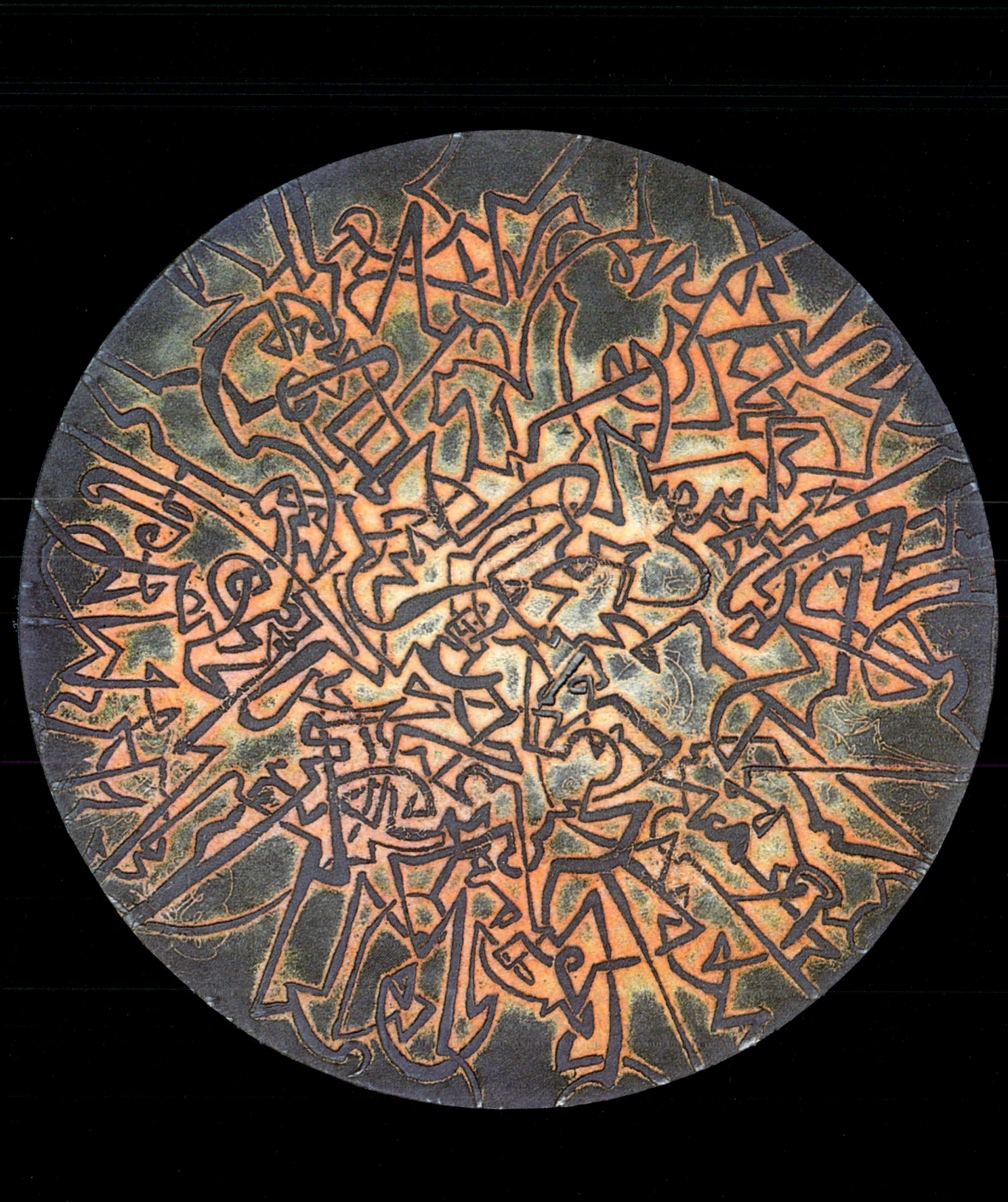

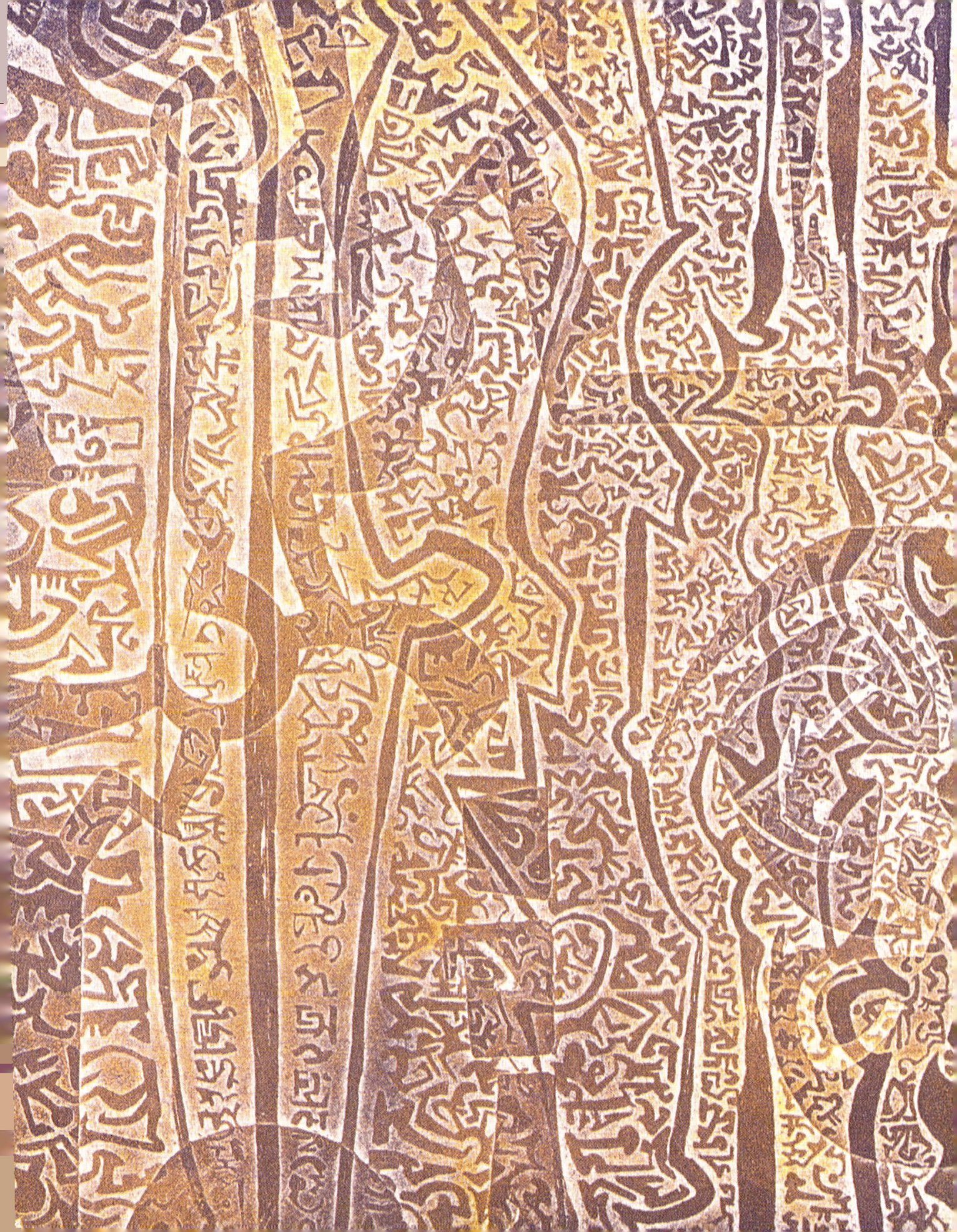

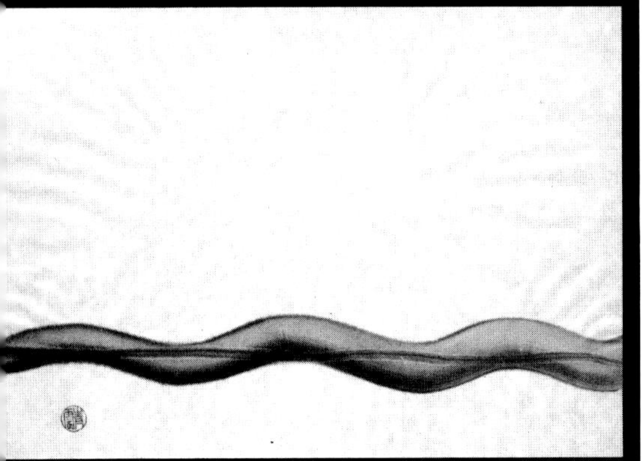

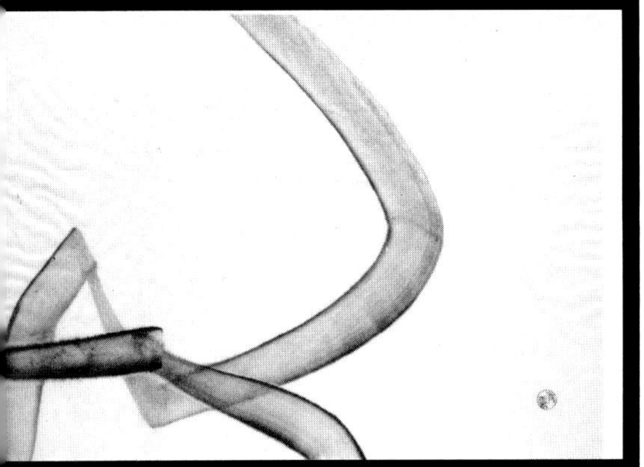

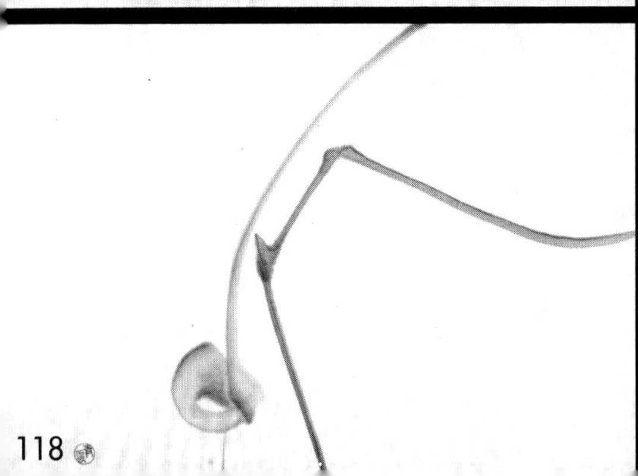

DER PINSEL

*Zu zweit ein Bild malen, das nur aus zwei Linien besteht,
die noch dazu weitgehend spurlos durch die Luft verlaufen,
mit einem Pinsel (oder einer Bürste oder einem Besen),
dessen Strich ein so reiches Innenleben mitteilt,
daß, wer malend wirklich hinschaut, unvoreingenommen,
seine Bewegung von selbst aufs äußerste konzentriert –
dieses Ritual hat
in unserem „Zentrum für musikalisches Sein" in Rütte
seinen unersetzlichen Platz.*

*Das leere Blatt vor sich haben, als erster von beiden,
das heißt einen Anfang machen dürfen, aber auch müssen.
In die Leere einbrechen, grundlos letztlich,
und ein deutliches Zeichen setzen, das in sich ruhen
und doch zugleich herausfordern soll zur Antwort.*

*Als Zweiter sich ins bereits begonnene Bild einzulassen
bedeutet, ein Zeichen des Sehens zu setzen,
das dem Anfang einen neuen Sinn verleiht,
das ihn neu begründet; das ihm dankt, indem es ihn erhört
in eine möglichst unerwartete Zukunft.*

DIALOG

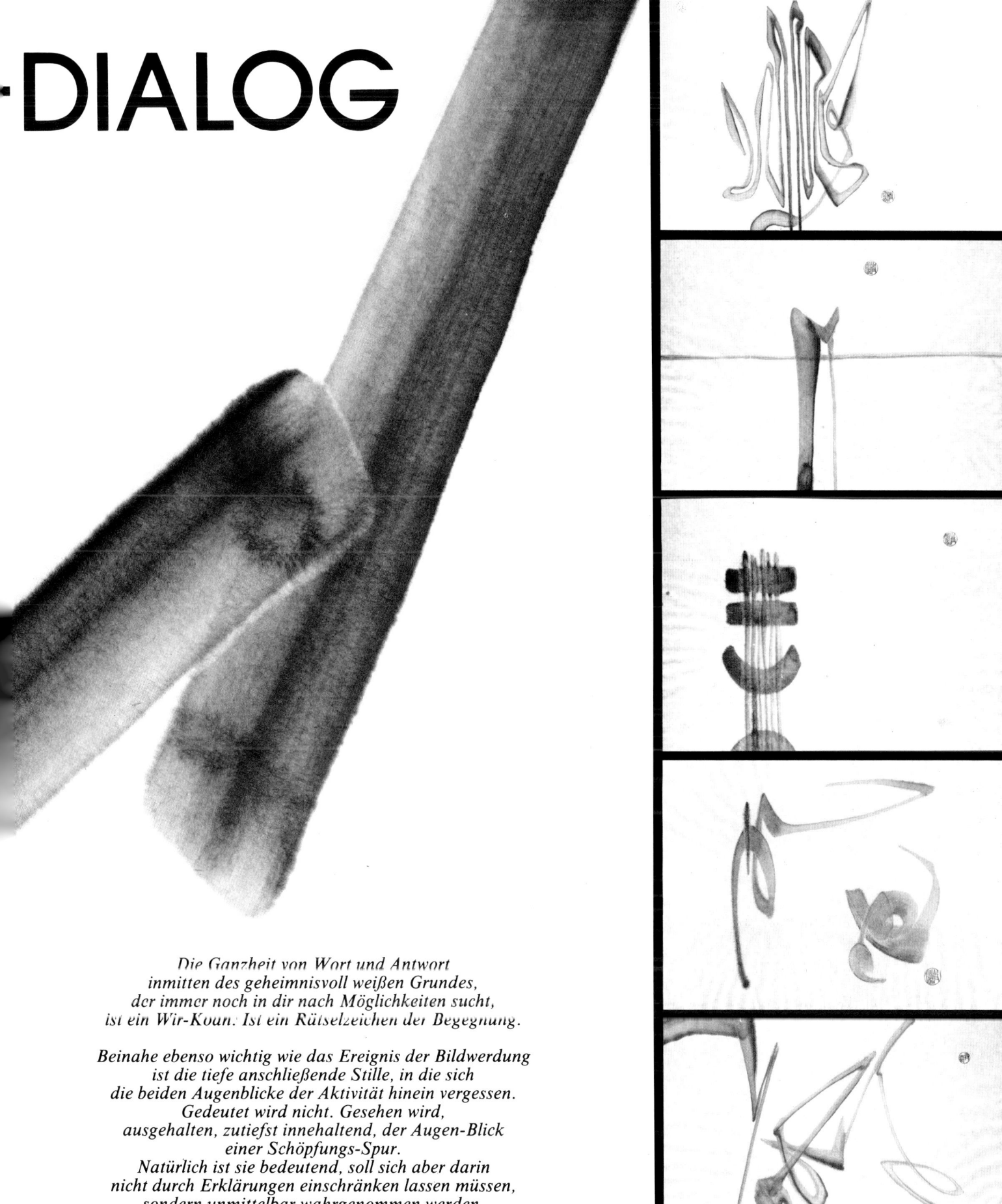

*Die Ganzheit von Wort und Antwort
inmitten des geheimnisvoll weißen Grundes,
der immer noch in dir nach Möglichkeiten sucht,
ist ein Wir-Koan. Ist ein Rätselzeichen der Begegnung.*

*Beinahe ebenso wichtig wie das Ereignis der Bildwerdung
ist die tiefe anschließende Stille, in die sich
die beiden Augenblicke der Aktivität hinein vergessen.
Gedeutet wird nicht. Gesehen wird,
ausgehalten, zutiefst innehaltend, der Augen-Blick
einer Schöpfungs-Spur.
Natürlich ist sie bedeutend, soll sich aber darin
nicht durch Erklärungen einschränken lassen müssen,
sondern unmittelbar wahrgenommen werden,
während nichts übrig bleibt, Nichts, als Atem.*

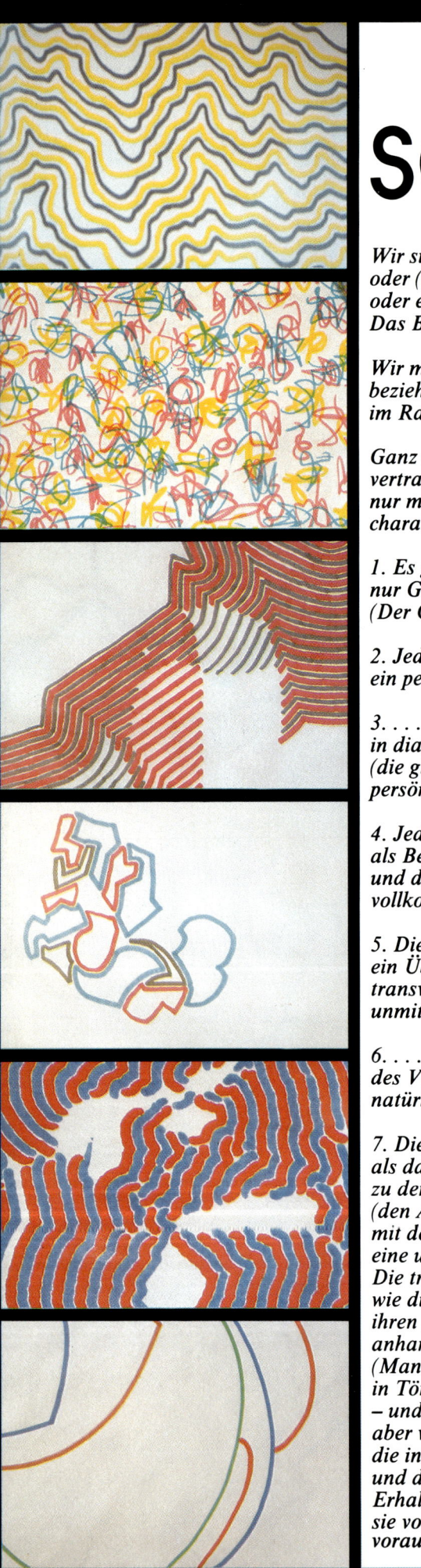

SCHREIB-SPIELE

*Wir sitzen im Kreis
oder (zu zweit) nebeneinander
oder einander gegenüber.
Das Blatt Papier liegt in der Mitte.*

*Wir malen reihum
beziehungsweise abwechselnd
im Rahmen deutlich erkennbarer Spielregeln.*

*Ganz ähnlich wie bei
vertrauten Brett- und Kartenspielen,
nur mit ein paar
charakteristischen Unterschieden:*

*1. Es gibt keine Verlierer,
nur Gewinner.
(Der Gewinn ist die Seins-Erfahrung.)*

*2. Jeder Beitrag ist
ein persönlicher schöpferischer Impuls,*

*3. . . . der sich gemeinsam mit anderen Impulsen
in dialogischem Zusammenwirken erfährt
(die gleichen, aber auch verschiedenen
persönlichen Ursprungs sein können).*

*4. Jeder Impuls erlebt sich
als Beitrag zu einem ständig sich erweiternden
und doch vom ersten Moment an
vollkommenen Ganzen.*

*5. Die Schreib-Spiele sind
ein Übungs- und Spielfeld
transverbalen, das heißt
unmittelbar energetischen Kommunizierens*

*6. . . . und gleichzeitig auch
des Verständnisses
natürlicherweise vorkommender Energiesprachen.*

*7. Die Schreib-Spiele erweisen sich
als das sichtbare Äquivalent
zu den hörbaren „Sprech-Spielen"
(den Aspekten des „Weges der Stimme"),
mit denen sie zusammen
eine untrennbare Einheit bilden.
Die transverbale Sprache erfährt
wie die verbale
ihren Differenzierungs-Spielraum
anhand ihres schriftlichen Gegenübers.
(Man könnte sogar das Geschriebene
in Töne umsetzen, es „laut lesen"
– und die Lesbarkeit systematisch kodifizieren –
aber wesentlicher ist die grundsätzliche,
die intuitive Entsprechung
und die damit verbundene
Erhaltung der Freiheit,
sie von Mal zu Mal aufs neue
voraussetzungslos zu realisieren.)*

SPIELREGELN

*Grundsätzlich:
Entweder man vereinbart nichts,
dann gilt das erste Zeichen als Thema,
und je genauer es wahrgenommen wird,
desto tiefer führt der Weg in sein Inneres.
Oder man nimmt sich konkret Themen vor,
deren Erfindung keine Grenzen gesetzt sind
(und die, sooft man nach ihnen spielt,
von Mal zu Mal in neue Tiefen führen werden).
Als Zeichenmedien verwenden wir
nicht zu dünne Filzstifte,
und jeder bleibt bei einer Farbe,
damit sich bei späterer Betrachtung
die Spuren der Beteiligten
voneinander unterscheiden lassen.*

*Beispiele:
1. Punkte
(mehr oder weniger gleich groß
und – Kieseln vergleichbar –
vielfältig in der Form)
a. Jeder hat pro Bild nur einen einzigen Punkt.
Von Bild zu Bild ändert sich
die Reihenfolge der Spieler.
b. Jeder hat pro Durchgang einen Punkt.
Jedes Bild hat eine andere Zahl von Durchgängen.
c. Jeder hat fünf Punkte . . .
(. . .: die unabsehbaren Möglichkeiten,
Spielregeln differenzierend zu untergliedern,
wirken verbalisiert pedantisch und rechthaberisch,
fördern aber in noch größerem Maße
die Wachheit des Sehens und Bewegens).*

*2. Linien
(mit dickem Filzschreiber gezogen)
a. Eine Linie folgt der anderen
in aller Ruhe, so genau wie möglich.
Von Linie zu Linie der weiße Zwischenraum,
um den es schließlich zu gehen scheint,
so genau spürt er sich in seiner Körperlichkeit.
b. Die einander abwechselnden Linien
spielen mit Annäherung und Entfernung.
c. Jeder hat eine Linie.
Die Linien dürfen einander durchkreuzen.
d. Die einzelne Linie kommt auf ihren Anfang zurück
und umschreibt auf diese Weise ein Feld.
Die Linien begleiten einander in der Regel
nur für etwa ein Viertel ihrer Länge
(etwas für die Liebhaber von Puzzles,
die sich allerdings diesmal aus spontan erfundenen,
in sich selbständigen Segmenten zusammensetzen
und dafür die Mühe nicht
mit einem gegenständlichen Ganzen belohnen
(mit Schloß Schwanstein zum Beispiel.)*

*Das 1973 vom Klett-Verlag veröffentlichte
„Schreib-Spiele"-Buch ist längst vergriffen.
Vielleicht gibt es unter den Lesern einen Verleger,
der es in neuer Gestalt neu zum Leben erwecken mag.*

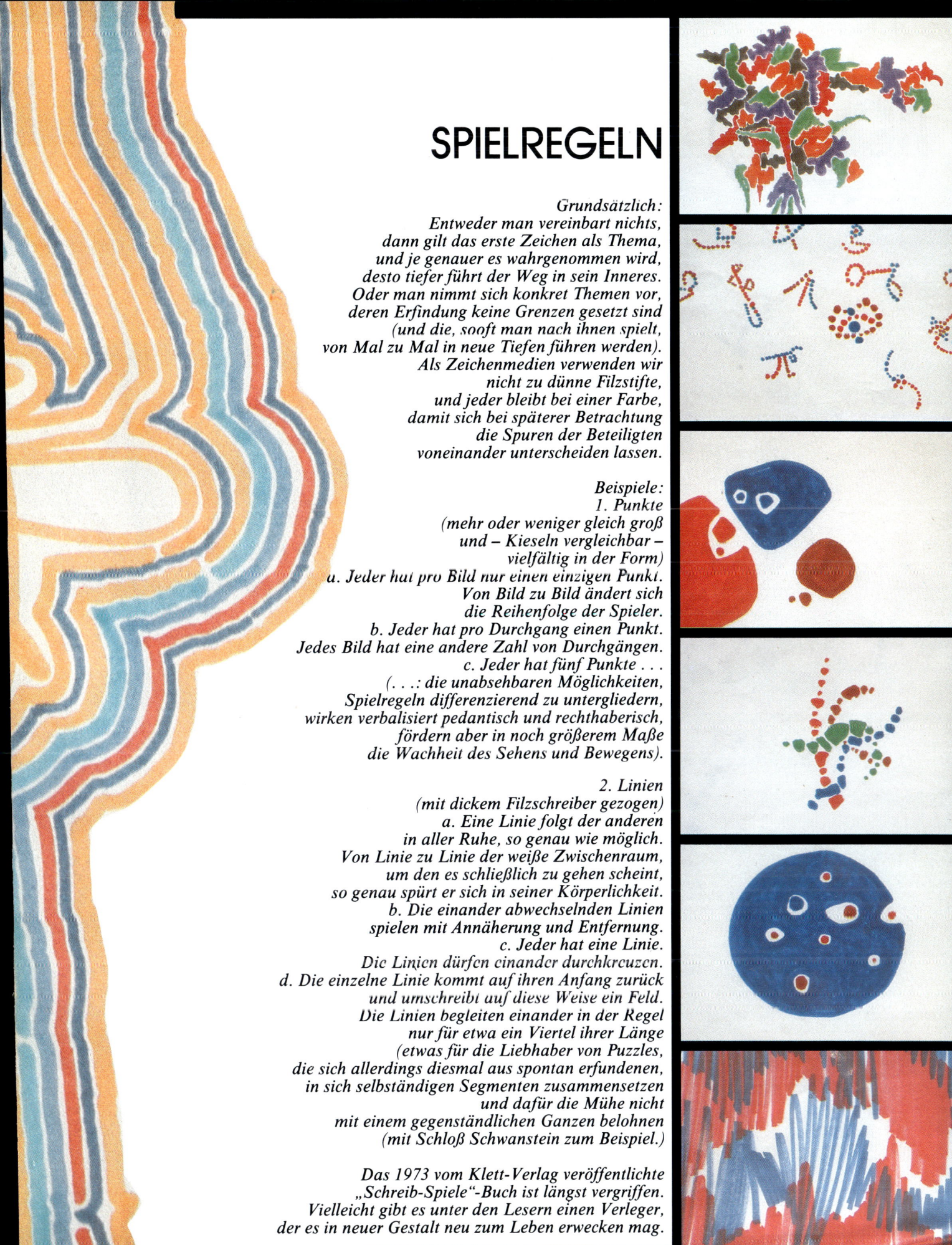

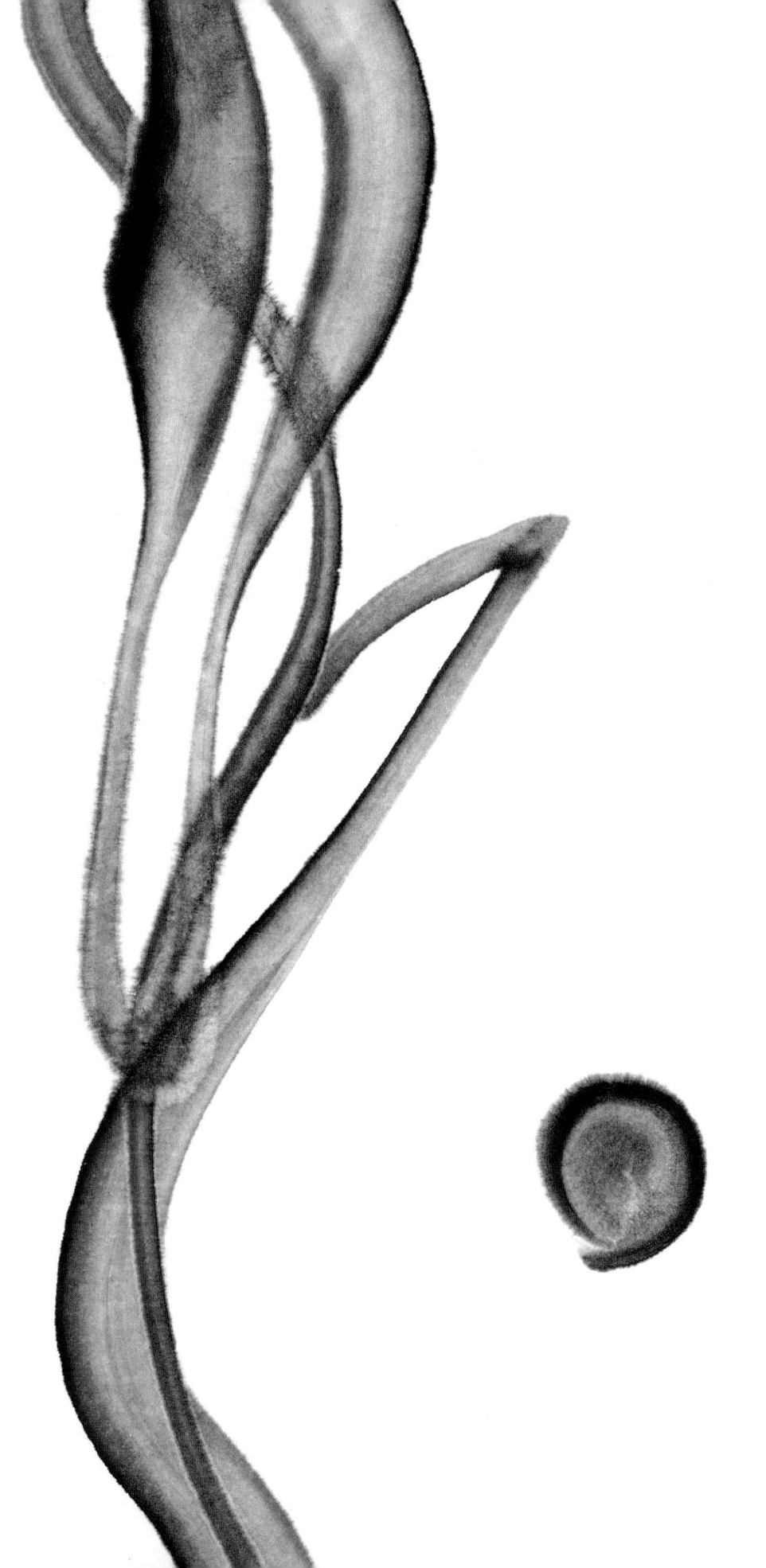

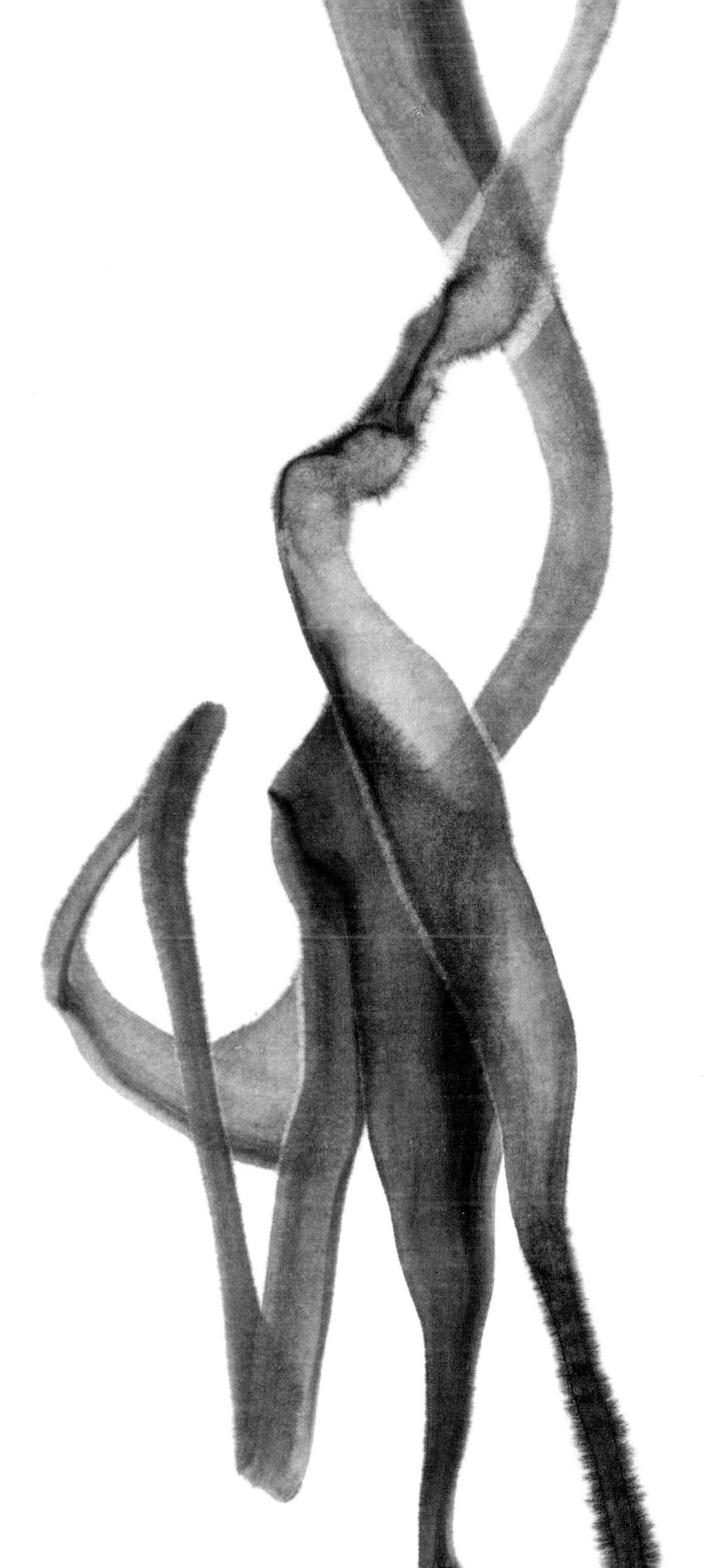

REBEN

Da hat sich
von Generationen zu Generationen ihres Werdens
eine Pflanze allmählich Greifer wachsen lassen,
um mit deren Hilfe an Stämmen und Ästen emporklettern zu können,
die selbst zu entwickeln sie sich damit erspart.

Anders als meine Hände,
die sich von anderen Händen doch im Prinzip nicht unterscheiden,
dafür aber in der Lage sind, je nach Wunsch und Notwendigkeit
die unterschiedlichsten Stellungen und Bewegungen
einzunehmen und durchzumachen,
erwächst sich jedes dieser Greifwerkzeuge
seine Suche nach Halt auf absolut einmalige Weise, selbst dann,
wenn ihr ein tatsächlicher Zugriff nie beschieden sein sollte.
Da ragen sie dann kühn in die Luft
oder umschlingen tänzerisch frech,
was immer ihnen einigermaßen haltbar begegnet,
wie geheimnisvolle, nur hier und jetzt geltende Hieroglyphen.

Es gibt so viele verschiedene Weinhände,
wie es Weinhände gibt.
Alle gehorchen dem gleichen Gesetz des Sichbewegens.
Dem des Sichwindens, dem des Kreisens,
des Sich-schwerelos-bergauffließenderweise-
den-Weg-durch-die-Luft-Bahnens.

Welch ein zauberhaftes, welch ein wunderbares Gesetz,
und welch ein Geschenk, ihm außer in sich selbst
in so etwas Handgreiflichem wie einer Rebe
begegnen zu dürfen

Kreise? Zen-Kreise??
Kreisen bedeutet: sich Umwege genehmigen
in Rücksicht auf das, was widerfährt, was im Wege steht,
Kreisen heißt tanzend die Gesetze genießen,
die von Schwerkraft und Zeit
uns aufgebürdet sind.
Kreisen heißt gebären, heißt
sich Zeit lassen zur Schöpfung.

Kreisendes Spiel erschafft die Zeichen des Flusses,
um dich, Zeichen-Leser,
deines Flusses zu erinnern
in fließender Weise.

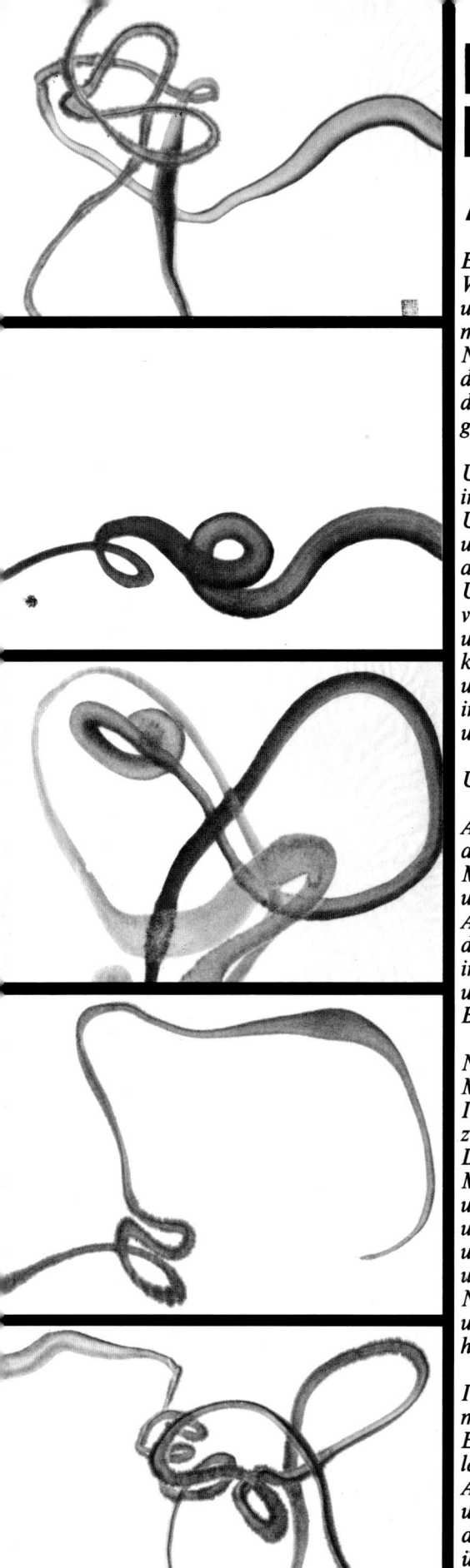

DES PINSELS HULDIGUNG AN DIE REBE

*Es geht mir nicht darum, Reben zu malen.
Warum sollte ich? Ich kann sie mir doch in der Natur anschauen
und sie bei der Gelegenheit sogar fotografieren: aufnehmen,
mit der Linse der Kamera . . . des Auges . . . des Herzens.
Nein, es geht mir darum, in mir selbst
die Bewegungsweisen aufzuspüren, die Beweg-Gründe,
die in den Reben als lebendigen Wesen
gelegentlich ihres Wachstums vor sich gehen.*

*Und so schaue ich mir die Reben an,
indem ich sie zu mir sprechen lasse.
Und sie prägen sich mir ein
und rufen Erinnerungen in mir wach
an etwas, das in mir dem Reben-Weg verwandt ist.
Und ich spüre, wie ich mehr und mehr
von meiner Sympathie zum Reben-Bewußtsein bestimmt werde
und weiß dann nach meinem Spaziergang durch den Weinstock
kein größeres Vergnügen, als zu Papier und Pinsel zu greifen
und mich wortlos schreibend zu bewegen
in genau der eben erlebten
und jetzt spürbar und bald schon sichtbar nachwehenden Weise.*

Und ich beginne zu malen.

*Anfangs sind die altvertrauten Bewegungen stärker als das Neue –
all das, was ich bis gestern mit dem Pinsel erlebte.
Meine Hand hat nun mal ihren Erfahrungsschatz
und es fällt ihr nicht leicht, sich davon freizumachen.
Aber früher oder später beginnen
die Klänge und Melodien des Rebenerlebnisses
in die Hand einzufließen und sie zu führen,
und die Rebe beginnt aus mir zu sprechen.
Beginnt zu erzählen, was sie bewegt, jetzt, inkarnierterweise.*

*Nicht alles sieht tatsächlich nach Reben aus.
Möglicherweise sogar das wenigste.
Ich werde vielleicht eine Weile hin- und herpendeln
zwischen Malen und Schauen.
Das wird die Beziehung verdichten.
Mein Sehen wird lernen, Erwartungen an die Rebe selbst zu stellen
und neugierig Umschau halten, inwieweit ihnen entsprochen wird
und inwieweit nicht, und was warum anders ist als erwartet,
und wieder werde ich die Rebe Rebe sein lassen
und malen, was in mir von ihr übrig geblieben ist.
Natürlich auch jetzt mit Erwartungen, diesmal an meine Hand,
und auch diesmal mit den entsprechenden Betrachtungen
hinsichtlich der Unterschiede und der Gemeinsamkeiten.*

*Ich spüre, wie die Reben
mich mit der Zeit zu einer neuen Sprache ermächtigen.
Einerseits betrifft diese mich selbst,
läßt Neues aus mir heraus sich des Lebens freuen.
Andererseits verstehe ich die Rebe neu
und empfinde ein zärtliches Gefühl des Mitwissens, des Mitseins,
des Mitleidens . . . – und dann endlich
über sie hinaus, oder aus ihr heraus, oder durch sie hindurch
all das andere, und das einzig eine,
das mir die Rebe und die daraus gewonnene Beweglichkeit
zu spüren schenkte.*

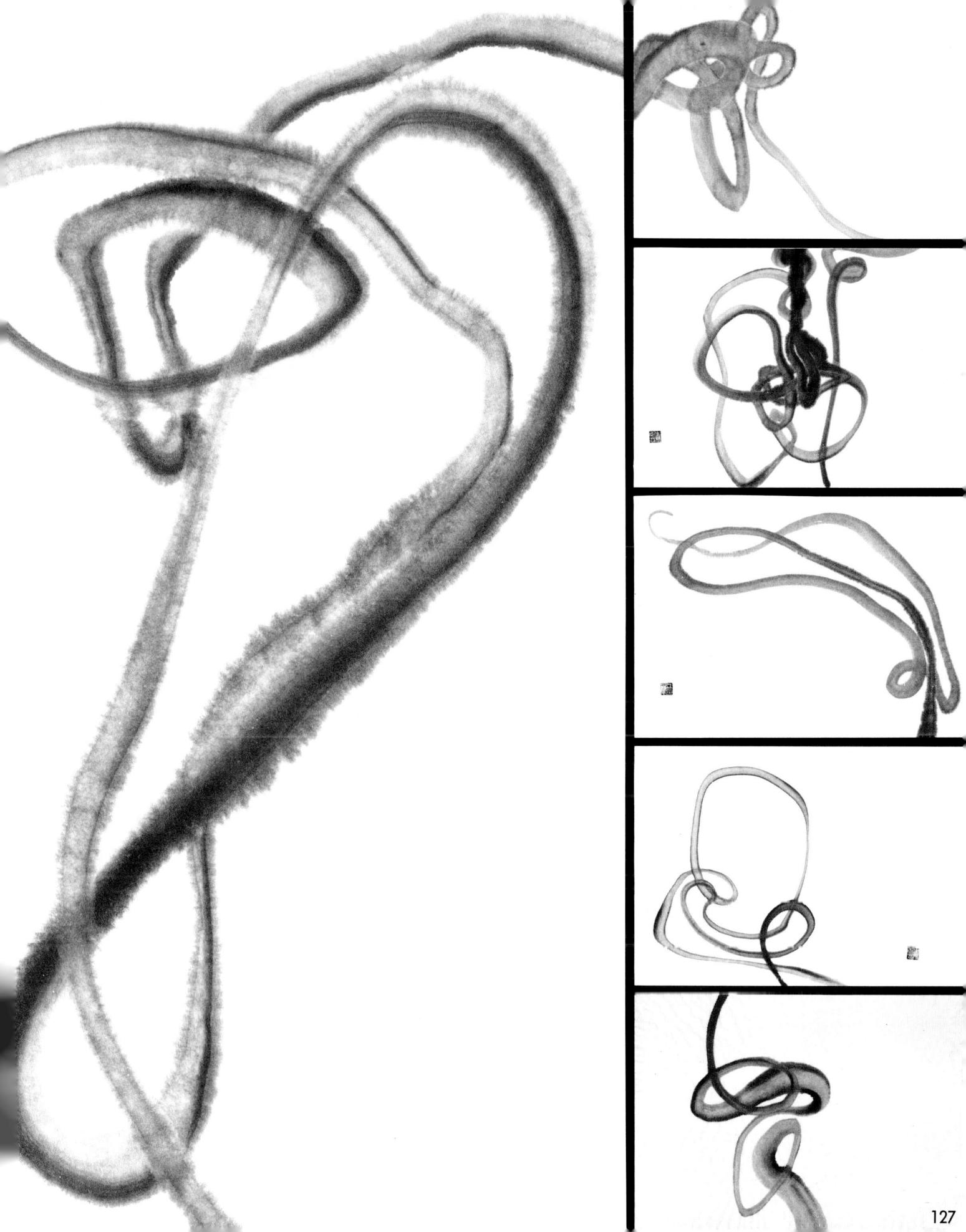

127

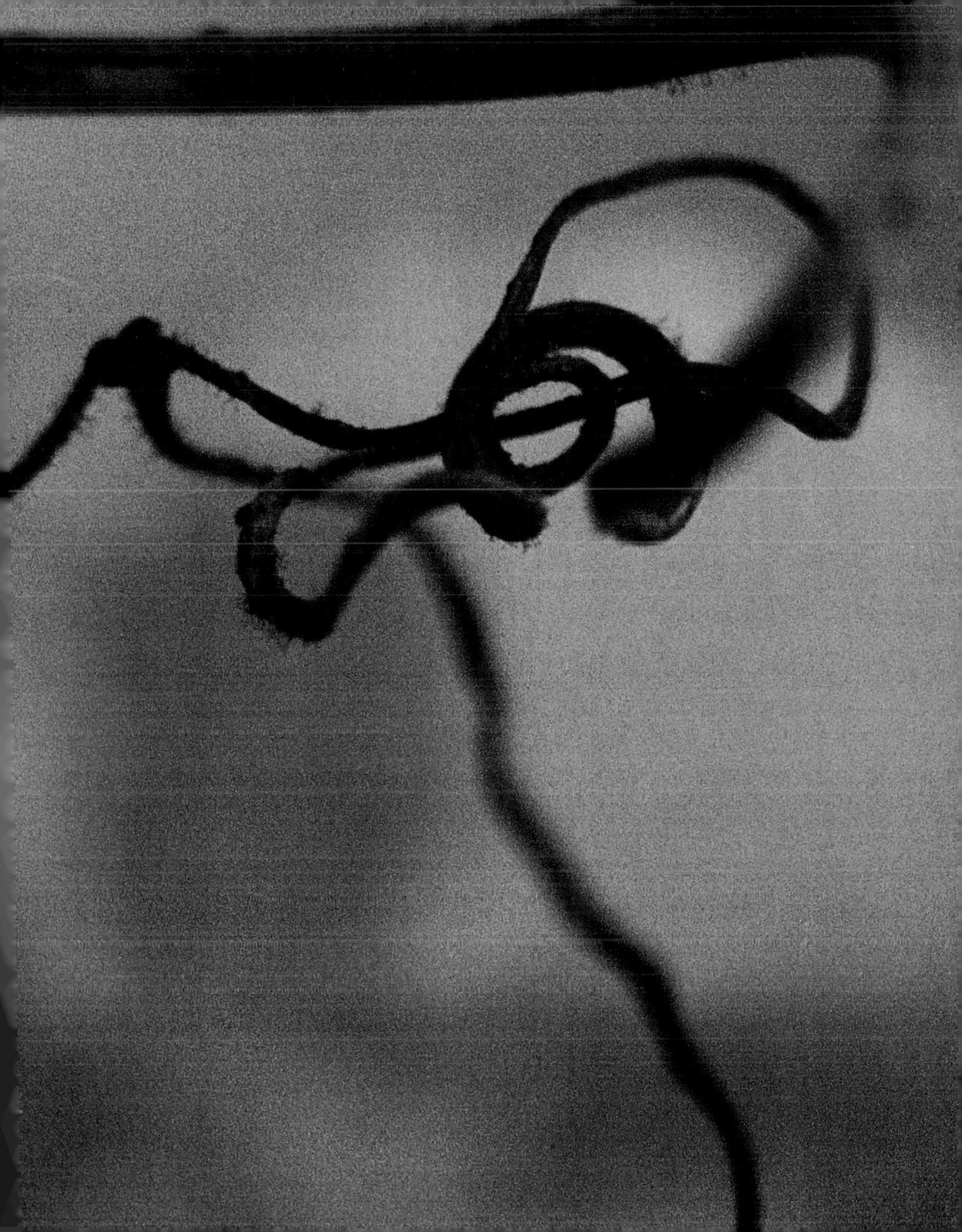

AST-WERK

Blätter sind rar und welk.
Ich sehe ein: es ist Herbst geworden.
Meine Augenblicke klettern von Ast zu Ast
und werden leichter und leichter.

Und wieder kann ich es nicht lassen,
mich zu wundern:
Diese Konsequenz der Untergliederung!
Je zahlreicher die Äste, desto feiner.
Das jeweils Neue ist frisch wie junges Blut,
offen genug, dem Allerjüngsten
zum Durchbruch zu dienen
zugunsten des Umsatzes von Licht in Liebe.

Je älter, desto unbeweglicher, knorriger,
härter in der Verschalung: verschlossener.
Nur selten wagt sich ein frisches Blatt
aus altem Stamm heraus.
Aber das Alte trägt, je älter um so mehr,
während es den Saft aus der Wurzel ins Licht leitet.

Äste sind keine Reben, im Gegenteil!
Ihr Bewegungstrieb zielt nicht angeborenerweise darauf ab,
Halt zu suchen
in blindem Vertrauen auf die Fülle sie umgebenden Lebens,
sondern sie wissen von Anfang an:
sie müssen den Halt in sich selber suchen.
Das läßt sie gerade sein, selbst wenn sie krumm sind
und zielstrebig, selbst ohne Ziel.

Jede Bewegung ihres Wachstums bedeutet Halt:
enthält die ganze Kraft des Anhaltens,
während die Richtung, die von Anfang an gewußte
und derart wissend sich einschlagende,
Moment für Moment auf dem Spiel steht,
so sehr sie andererseits in sich ruht.

Wächst aus dem inzwischen gealterten ein neuer Ast heraus,
dann muß ein ganz neuer Weg eingeschlagen werden,
des eigenen Lebens-Raumes wegen,
und das gleiche gilt für seine Geschwister:
jeder hat seinen Weg zu finden ins Leere hinein,
das um so belebender wirkt, je leerer es ist.
Der elterliche Ast
ist Nährboden und fester Ausgangspunkt,
weiter nichts.

Äste sind wie Blitze, die in aller Ruhe
aus der Erde in den Himmel hinaufzucken.
Unvorhersehbar und doch unbedingt ihre Wege
Ein Augenblick läßt sich Zeit,
während es der Ewigkeit
nicht schnell genug gehen kann.
Gründlich fallen Zufälle einander zu.

*Astwerk ist wie Wurzelwerk, das Licht trinkt,
um sich gleichzeitig immer vielfältiger
in die Weite und Tiefe des Erdbodens hinein auszubreiten,
dem Wasser zuliebe.*

*Äste sind wie das Werk meiner Gedanken.
Ich sende meine Säfte aus,
als Treibstoff zur Erkundung des Himmels.
So oft ich meine Richtung ändere,
glaube ich an sie als die einzig wahre.*

*Äste sind wie meine Blutbahn.
Daß ich esse, ist Erde, Himmel ist, daß ich atme.*

*Äste sind wie Flüsse und Nebenflüsse.
Das Gebirge erdet die Wolken, die das Meer anhimmelt.*

*Äste an Stammbäumen,
reichen einander die Hände.*

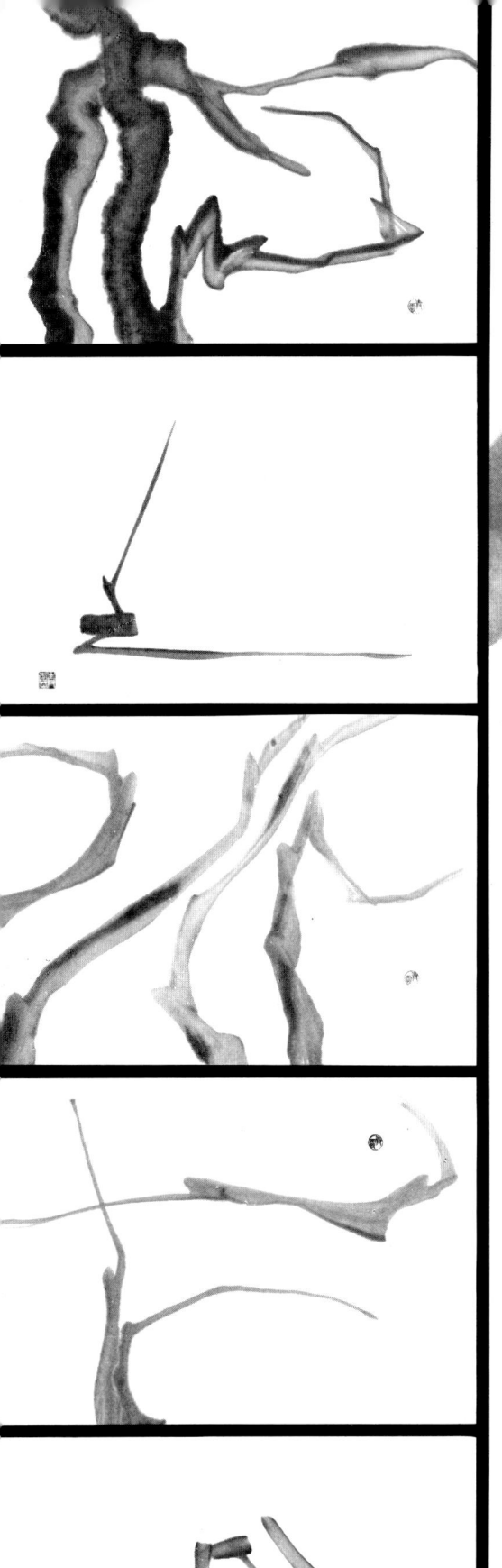

DES PINSELS HULDIGUNG AN DIE ÄSTE

Äste,
Verästelungen,
Verzweigungen . . .

bedeuten mir malend:
ich ziehe Linien langsam,
spüre sie in meiner Hand wachsen
mit der ganzen Umständlichkeit,
aber auch der ganzen Selbstsicherheit
sich fortpflanzender Gegenwart.

Anstelle des Schwunges der Reben
tritt das Stocken
sich immer wieder neu
ihrer selbst versichernder Kräfte,
tritt das Spüren der Kraft
Moment für Moment.

Oder
wenn's schon aus sich herausschießt:
es zielt geradewegs in den Raum.
Die Kraft des Anhaltens weiß sich bereits
in der Kraft des Beginnens.
Entscheidungen, auch wenn sie nicht stattfinden,
wären jederzeit möglich
und durchzittern wie Sekundenringe
das Streben nach vorne.

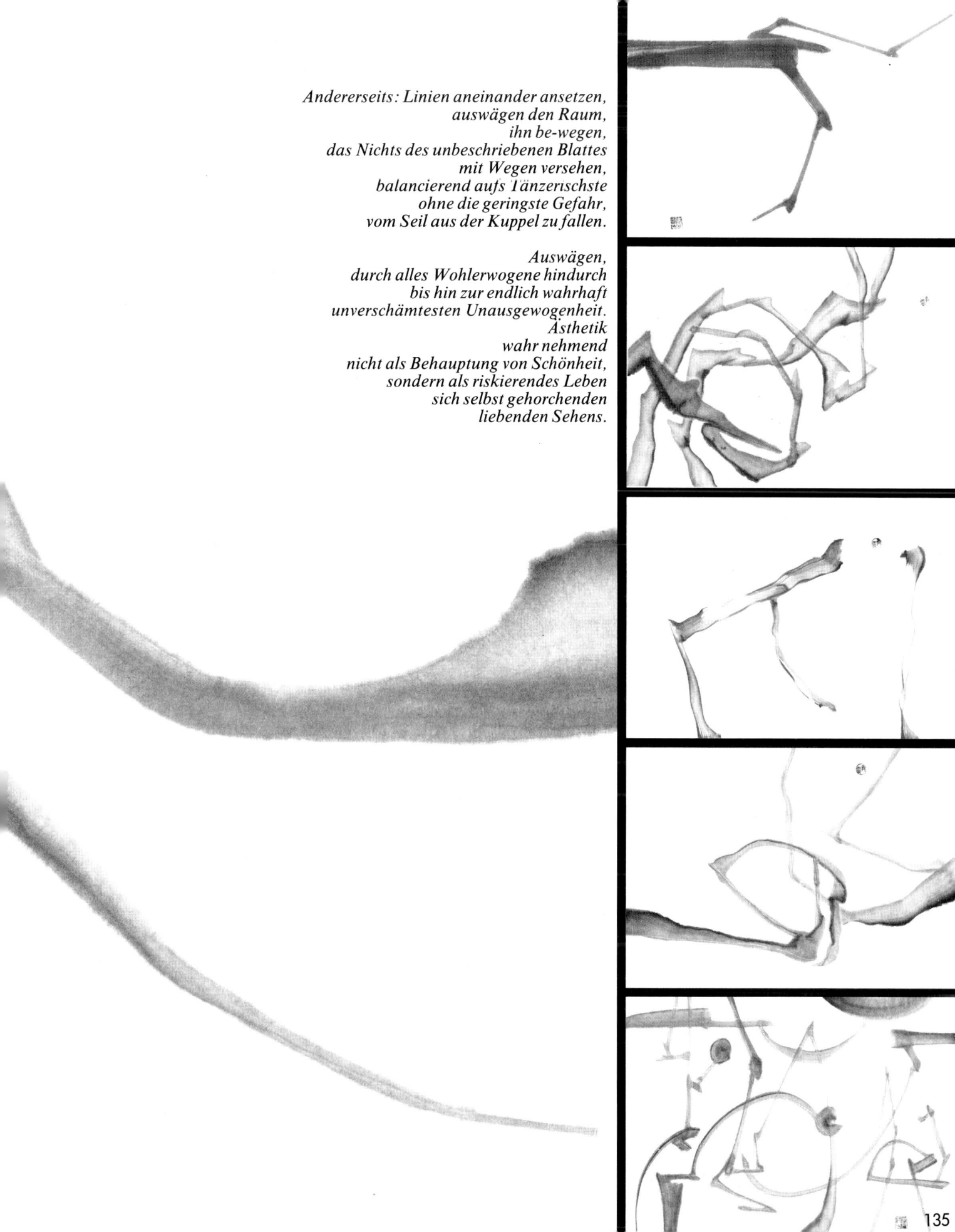

*Andererseits: Linien aneinander ansetzen,
auswägen den Raum,
ihn be-wegen,
das Nichts des unbeschriebenen Blattes
mit Wegen versehen,
balancierend aufs Tänzerischste
ohne die geringste Gefahr,
vom Seil aus der Kuppel zu fallen.*

*Auswägen,
durch alles Wohlerwogene hindurch
bis hin zur endlich wahrhaft
unverschämtesten Unausgewogenheit.
Ästhetik
wahr nehmend
nicht als Behauptung von Schönheit,
sondern als riskierendes Leben
sich selbst gehorchenden
liebenden Sehens.*

FLECHT-WERK

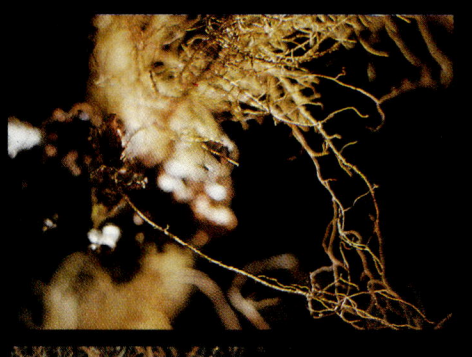

*Hier gäbe es längst nichts mehr zu leben, meint man.
Zu trocken die Luft, zu hart der Grund, zu dunkel, zu kalt,
oder zu feucht, zu weich, zu hell, zu heiß,
Lebensfeindlich! Unwirtlich! Aber nein: Es wimmelt nur so,
und nicht etwa von Pionieren, die es hierher verschlug,
planmäßig oder hergeweht, und die nun ihr Glück versuchen,
sondern von Alteingesessenen, Angepaßten,
die sich nirgends wohler fühlen als gerade hier.*

*Natürlich sehen sie mir nicht gerade ähnlich,
sind um einiges kleiner, sind nicht so blumig wie ich,
besaufen sich nicht sinnlos, bleiben wo sie sind,
und sind überhaupt ausgesprochen geduldig, zäh und bescheiden.*

*Und doch: irgendeine ferne Verwandtschaft
scheint zwischen uns zu bestehen!
Ihre Liebe zu Steinen und Rinden.
Ihre Lust, sich anzuschmiegen.
Ihre Angewohnheit, sich vom einzelnen Baustein her zu verstehen
und dann auf immer wieder neue Weise neu zusammenzusetzen.
Ihr Sinn für die Vielfalt der Formen,
die sich nicht aus irgendeinem Kunstwillen ergeben,
sondern aus der Wachheit für das Wandelspiel der Verhältnisse,
und die nie auf sich beharren, nicht Stil behaupten,
kein So-bin-ich, sondern die sich aufzugeben bereit sind,
sowie, sobald, sooft der Wind seine Richtung
auch nur um Spuren verändert.*

*Ihr Stillehalten
inmitten wildester Stürme
ihre Unerschöpflichkeit
am Entstehenlassen
von Bildwerken,
ihre Umwegigkeit,
ihre Unmittelbarkeit,
und nicht zu vergessen:
unnatürlicherweise
ihre Naturliebe.*

*Ziemlich genau ein Jahr
ist es her, daß ich mir
am Vorabend der Reise
zum Kraftfeld (wie das Fest hieß)
einen neuen
Trocken-Rasierer kaufte
und mich seitdem,
bis heute,
nicht mehr rasierte.
Während die Meinungen
über mein wahres Aussehen
und das, was dahintersteckt,
hin und her gingen,
ließ ich mir Zeit
zu tiefgründiger Betrachtung
sich wandelnder Oberflächen,
während ich mir
selbstvergessen
meinen Bart kraulte.*

*Ach ja.
Wo Menschen für glatte,
gepflegte Haut sorgen,
wo das Leben sich
gewollter Ordnung fügen muß,
wo das Weiß der Wände
mahnend in die Runde schaut,
hat das Flechtwerk
keine großen Aussichten
(und doch: ich glaube,
ich rasiere mich mal wieder.
Es war so schön, dieses
Gefühl von Wange zu Wange).*

*Aber da, wo
die Bäume ihre Ruhe haben,
wo Steine
bleiben, wo sie sind,
es sei denn, sie brächten
einander selbst ins Rollen,
wo Mauern es erleben dürfen,
daß Altern schön ist,
da schenkt sich das Leben
Blumensträuße
und Märchenbücher
von Zelle zu Zelle.*

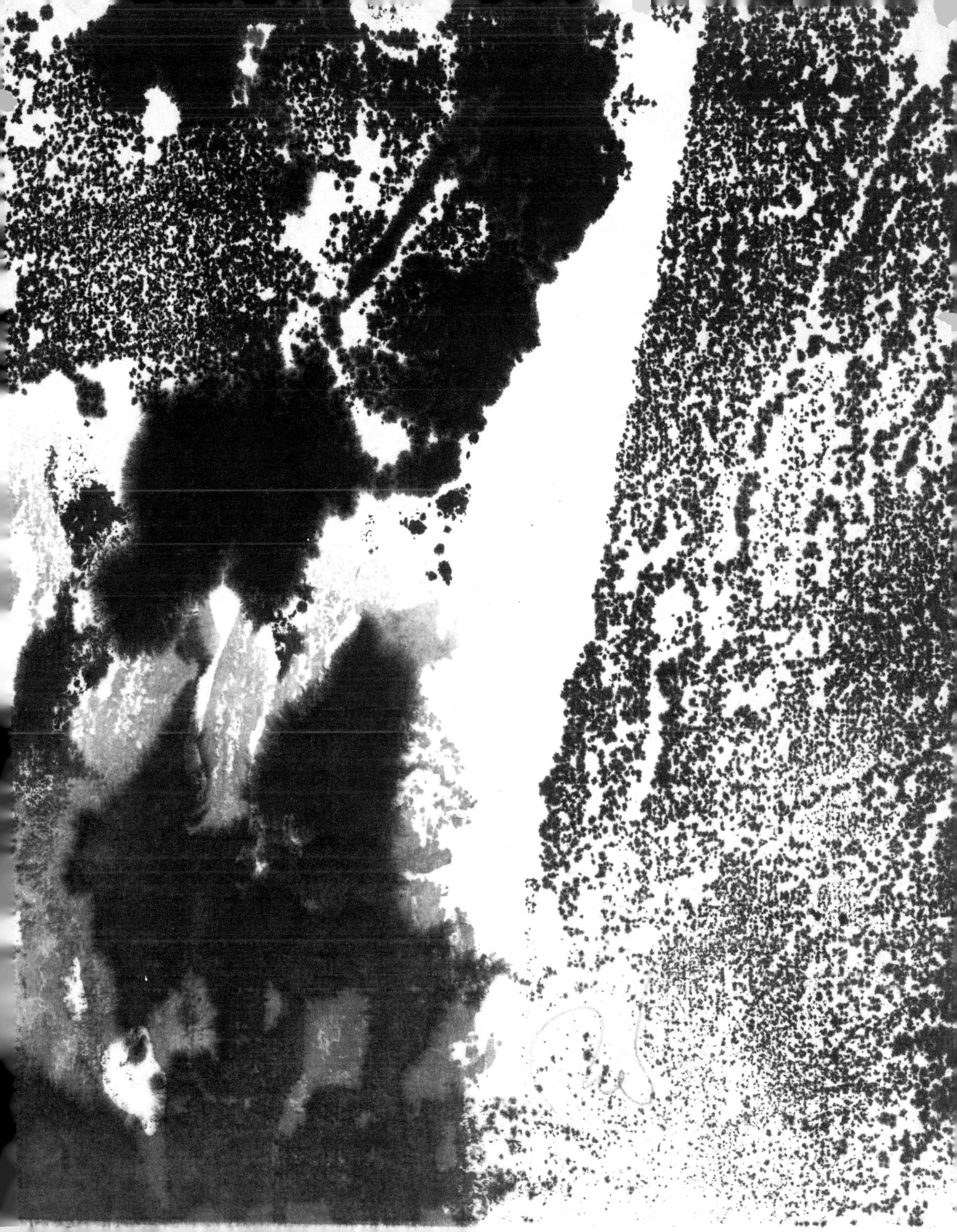

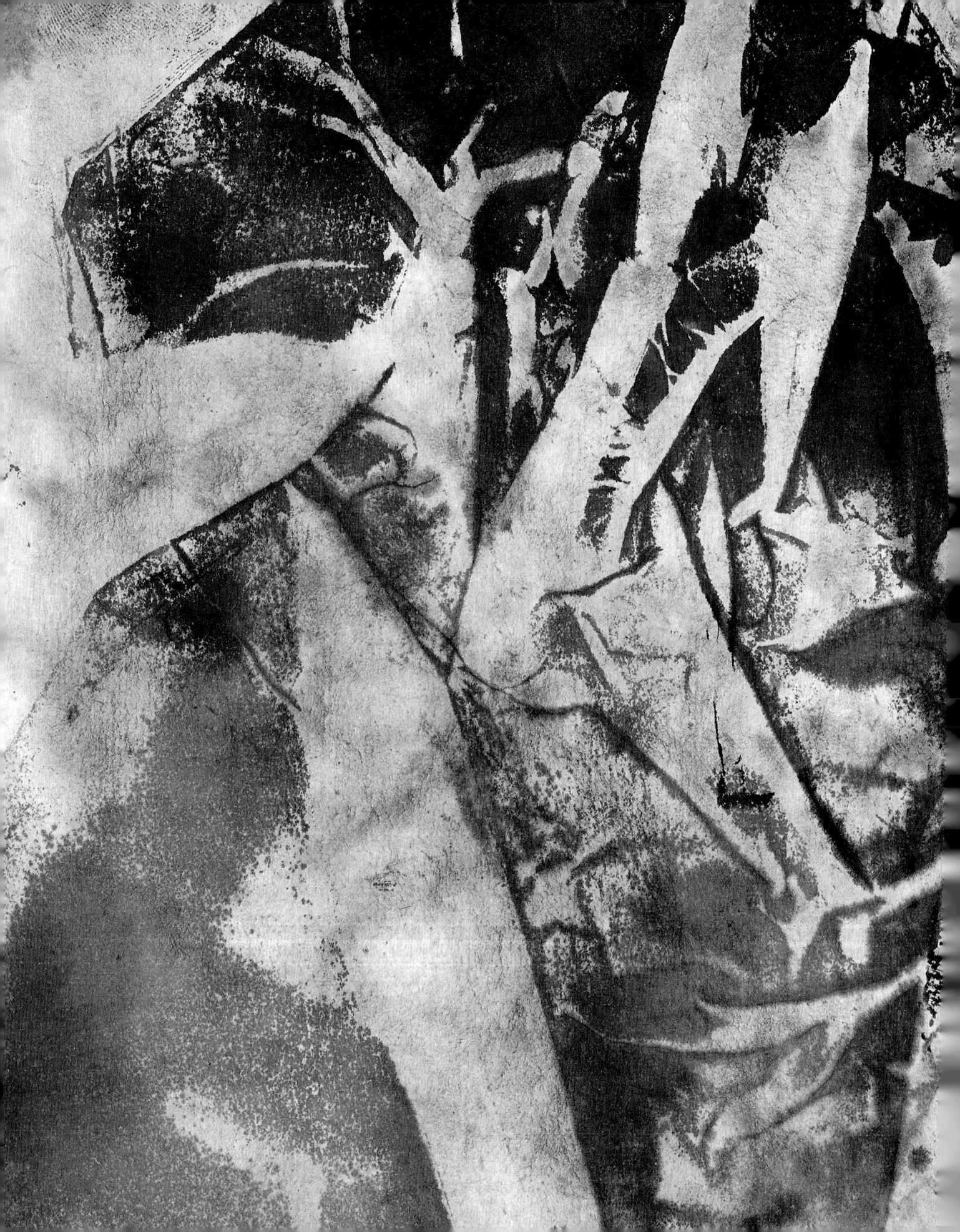

MAUER-WERK

Frisch verputzte Mauern vermitteln Gefühle von Ordnung,
von Sauberkeit, Wohlstand und Sicherheit.
Mauern, von denen der Putz abblättert,
wirken dagegen ärmlich und schmutzig.
„Friede den Hütten, Krieg den Palästen!"
Solche Sprüche sprühen alternative Nachtwächter
vorzugsweise auf sorgfältig getünchten Untergrund.

Die Schönheit des allmählich Verwitternden
überzeugt oft erst den suchenden Blick durchs Makroobjektiv:
Das vielbeschäftigte und umworbene Auge
braucht einen Anlaß, innezuhalten,
und einen Grund, auszuwählen
im Sinne eines bildlichen Formates,
bildlicher Komposition
und bildlich-objekthafter Halt-barkeit,
und es benötigt eine Unterstützung darin, nahe hinzuschauen,
näher als gewohnt.

Hat man die alten abgetakelten Wände seiner Umgebung
erst einmal für sich als fotografisches Jagdrevier entdeckt,
beginnt man das ganze ebenso vertraute wie unbeachtete Gemäuer
mit neuen, liebenden Augen zu betrachten.
Verwitterungsprozesse
geben sich als Schöpfungs-Geschichten zu verstehen.
Verfall
erweist sich als Re-(oder Anti-)Produktion.
Risse
wachsen wie Lebewesen aus glatt-harter Leere,
und haben erschreckend viel Zeit,
verglichen mit ähnlich vielgliedrigem Getier.
Ritzen und Fugen
beginnen in allen Farben zu wimmeln und zu schimmeln.
Regen wäscht und tränkt,
Sturm bläst und rüttelt,
und plötzlich
– inmitten meiner Lektüre dieser göttlichen Inschriften –
fällt zu allem Überfluß auch noch
das Licht der untergehenden Sonne
von seitwärts
in das Relief der Miniatur-Welten.
Auch unter Mikroben gilt Abend und Morgen.

Assoziationen sind bei der Auswahl der Bilder
kaum zu vermeiden:
Landschaften und Gestalten, Wetter und Unwetter,
Kosmen im Kleinen und Großen,
aber am Ende ist's ganz einfach das Spiel der Spannungen
innerhalb der gewählten Grenzen:
das Spiel der Energien zwischen Hell und Dunkel,
das Spiel der für sich und zueinander sprechenden Linien,
und die Bewegung, die sich tut,
aus welchen Gründen auch immer,
und die das Leben der Seins-Strukturen erlebbar macht
als Sprache und als Lied, ebenso selbst-verständlich wie wunderbar.

Und schließlich ist auch diesmal wieder die Kamera
nichts weiter als ein Instrument, sehen zu lernen um des Sehens willen,
das mich anschaut selbst aus den blindesten Flecken
dieses allerunbedeutendsten Augenblickes.

PLAKAT-WÄNDE

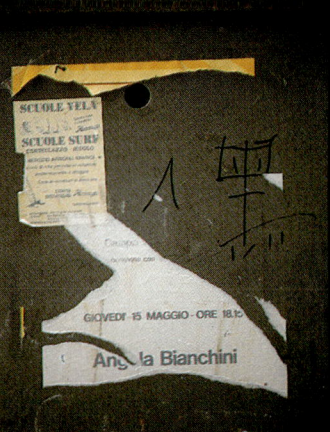

Risse, Abrisse, Verrisse,
Zerreißproben und Reißverschlüsse.
Rissig. Alt. Wertlos. Überholt. Vergessen. Weg damit.
Überklebungen. Klebzeug, Klebzeugnisse. Ankleber.
Ankleben verboten. Aber
wie kann Leben verboten sein? . . . ?
Naja, ank . . ., klar, ank eben.
Ank . . . ank . . . ? . . . – ach so! Schade . . .

Plakate haben normalerweise die Aufgabe, anzugeben,
irgend etwas, was der Vorbeigehende
möglichst im Vorbeigehen anzunehmen vermag
(nicht alles läßt sich im Vorbeigehen wahrnehmen.
Manches bleibt bis zum Schluß denen vorbehalten,
die es sich gelegentlich leisten, stehen zu bleiben).

Plakate sollen werben.
Werben tut man mit Trümpfen,
übertrumpfend, was ebenfalls wirbt.
Schönheit muß auffallen.
Schönheit muß geil machen.
Der Wettbewerb ist groß.

Als Plakate
halten selbst die gegnerischsten Parteien zusammen.
Auffallen möchte jeder. Schwesterchen warnt:
Brüderchen, trink nicht von diesen Quellen,
hier wirst du verkohlt, dort wirst du aufgeraut.
Aber was hilft's. Schwesterchens Klugheit
ist Brüderchens Trunksucht nicht gewachsen.

Plakate, so groß sie tun,
haben selten ein langes Leben.
Dem schönen Braungebrannten wurde längst
ein rotes Auge gemalt.
Jetzt wird er zerfetzt.
Trödelnde Schulkinder helfen dem Zahn der Zeit.
Wenn's niemand verlangt, macht Abmachen Spaß.

Hier und da wird früher oder später
Überholtes von Aktuellem überklebt,
aber auch das wird nicht bleiben.
Die Ereignisse überstürzen sich,
das Farbenmeer der Bekenntnisse brandet
an die Hauswände,
Produkte, die sich's leisten können, halten
ein wenig länger.
Ob die wirklich so gern raucht, die da,
die das so gewinnsüchtig in ihre Sprechblase hineinlacht?

Wem's egal wird, das scheinbar Wichtige,
satt und zufrieden
in der Seele und mit dem Schöpfer auf du,
der kann endlich beginnen,
das Spiel der Risse und Schichten,
der Oberflächen und Untergründe,
der Make ups und Verwitterungen
als der Weisheit letzter Schluß
in sich einleuchten zu lassen.
Das Leben, das nichtsnutzige,

das nur sich selbst kennt,
treibt jetzt sein Spiel. Schön ist,
die Freiheit vom Wollenmüssen und Sollenwollen,
das intime Zusammenspiel
unwichtig gewordener Augenblicke,
der Liebestraum wohl ineinander sich fügender Zufälle.

VENEDIG EINMAL ANDERS

sage ich mir als mein Reiseführer,
und besinge
anstelle von Canale Grande und Academia
die große Freilichtausstellung
der unfreiwilligen Decollagen.

Venedig, Stadt der wuchernden Plakate.
Denn in Venedig ist viel los.
Dem großen internationalen Publikum
soll Großes und Internationales geboten werden.
Und mit der entsprechenden Vielzahl der notwendigen Plakate
steigt nicht nur die Vielschichtigkeit des Überundüber,
sondern auch der Wettbewerb der Ein- und Ausfälle ...

Und andererseits
diese typisch romanische Lässigkeit.
Die Geschichten leben länger, sie wachsen
gemäß der ihr eigenen Biologie.
Das bunte Spiel des Vorsichdahinlebenden
wird sich selbst überlassen, und spielt, und lebt.
Ruinen weiß man nicht nur zu würdigen,
man läßt sie überwuchern. Erinnerungen führen
bei Mond und Laterne, Wassergeplätscher und Wein
in Abgründe der Gegenwart.
Warum nicht ein wenig voller als bis zum Rand?
Auch Venedig wird einmal untergehn.
Lieber zuviel als zuwenig.
Andererseits: Je weniger Kunst,
desto größer die Chance
für den Künstler, vom Leben zu lernen.

Also auch die Plakate.
Sollen sie sich doch selbst abhängen!
Irgendwann erledigt sich ohnehin alles von selbst.
Wo man nicht hinschaut, wächst Gras,
darauf man sich eines Tages
zur Mittagsruhe wird ausstrecken können.

Das Zusammenspiel
von verwitternder Wand und Papierfetzen
mit ihren Anspielungen auf Botschaften,
um die man die Vergangenheit beneidet oder belächelt.
Das fetzige Miteinander verklebter Zeitzeichen.
Und wieder Ausschnitte daraus,
wie sie das Auge als Bild betreffen,
Leben: Betroffen sein von der Begegnung zweier Risse,
zweier sich aufs Fremdeste
gegenüberstehender Bildmomente.

Momente, die für nichts mehr zu stehen haben,
nicht mal für sich, die einfach stehen,
an Wänden, die gut genug sind zum Schattenspenden.
Hinweise, die übrigblieben und jetzt
den kühlen Wert
einer auf ihren Poeten wartenden Gedichtzeile haben.

SPRACHLICHE MUSIK

hst laschichssstich, ffffuhh,
kach chaah, haa.ha!

Und schon denkt jemand: Quatsch!
Und ein anderer: Blabla!
Und eine biologischdynamische Mutter
nimmt ihr zappelndes Kind auf den Schoß und sagt
vermittelnd, gutgläubig, und von ganzem Herzen
bereit zum Heimweg in die allgemeine Kindheit:
Pipapo!

Nein, nein, keineswegs. Hör genauer hin:
fr hr ar karr!
psss pf ffffch. sch ssch chk

Ach so! meint ein anderer: Stimmen!
Will sich da etwa
die tote Tante Klara bemerkbar machen?
Oder darf ich am Ende endlich
mit den entscheidenden Vorschlägen
von höchster Stelle
zur gerade noch rechtzeitigen
Weltverbesserung rechnen?

hl ha chich
sch, kann sichs da nur sagen,
pf fp hp ppp.
p.p.p!

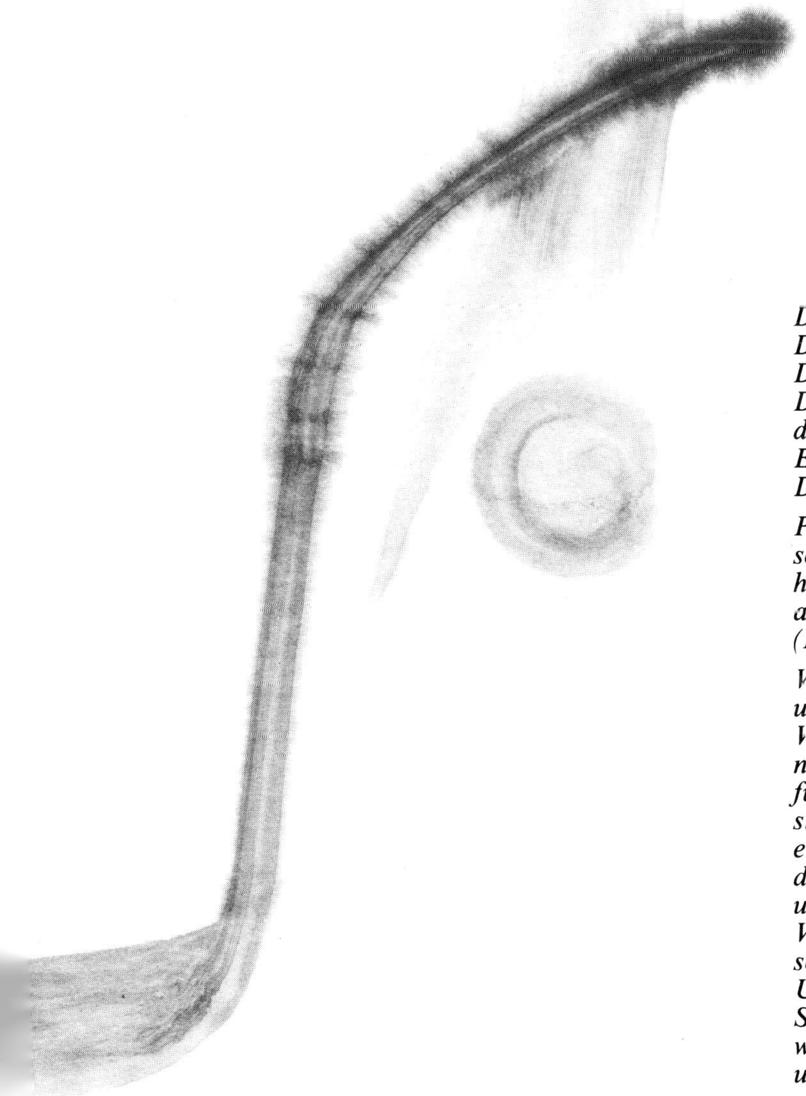

Die Weisen schütteln ihre Häupter.
Die Schriftgelehrten schlagen die Bücher zu.
Die Stammtischler schlagen sich auf die Schenkel.
Die Tische biegen sich,
die Türen knarren sich eins.
Ein Lied, drei vier, befiehlt der Feldwebel.
Das Leben muß weitergehen.

Pssst!
schsch!
ha . . . .
aha!?
(Nicht weitersagen!)

Weit fort Geschrittene gelangten inzwischen
unbemerkt zu den Quellen der Wörter.
Wollten schon anfangen, aus den unermeßlichen Vorräten
neue zu schaffen, sogar auf Vorrat
für künftig vielleicht erst Sagbares,
stellten dann aber fest,
erst zutiefst enttäuscht, dann zutiefst begeistert:
die Laute wollen gar nicht! Sie meinen sich selbst,
unverschämterweise! so nichts-sagend sie sind!
Verlangen nicht einmal, gehört zu werden,
so vollauf genügen sie sich!
Und seitdem gehen sie mit ihnen um wie mit Königen:
Sie haben die Ehre, mit ihnen spielen zu dürfen,
wissen aber genau: jede schmeichelnde Geste wäre das Ende,
und sind so schließlich nichts als: wach. Aber wie!

ABFALL

Diese Picknicker! Leben so sehr im Hier und Jetzt,
daß es ihnen wurscht ist, wie die Welt morgen aussehen wird.
Und dabei sind sie doch gerade deswegen hierher gekommen,
weil sie sich so sehr nach einem Platz sehnten,
an dem man es fühlt, ohne dafür zu sein oder dagegen,
daß Leben (auch ihres, eigentlich) an sich selbst genug hat.

„Was willst du denn mal werden, wenn du groß bist?"
fragt der große Onkel im feinen Anzug den kleinen Jochen.
„Straßenkehrer!"
„Straßenkehrer? Warum denn ausgerechnet Straßenkehrer?"
„Damit die Straße sauber ist!"
Genau der Grund, dessentwegen ich mir immer öfter
einen Beutel (Plastik statt Jute) in die Tasche stecke,
wenn ich mein Haus für einen Spaziergang verlasse.

Andererseits habe ich ein ganz merkwürdiges Gefühl,
so etwas wie Ehrfurcht,
vor dem achtlos, wenn nicht gar angewidert Weggeworfenen.
Warum bloß? frage ich mich,
und die Tiefe,
in die es mich zieht, während ich nach der Antwort suche,
bringt mich mir beinah selbst in Vergessenheit.

Vielleicht wegen seiner Unbestechlichkeit . . .
Hier wollte niemand. Was blieb, ist endlich zu wahr, um schön
oder um häßlich zu sein.

Aber ganz sicher ist es dann doch auch
die rätselhafte Schönheit des Häßlichen
und die ebenso rätselhafte Häßlichkeit des Schönen,
wie sie sich nirgendwo so gekonnt äußert
wie in der Zufälligkeit des Abfalls.
Und von Ferne erinnert sich mir, ungreifbar zum Glück,
daß sich kaum jemals Liebe so rein verkörpert
wie im Ungeliebten, das nicht lieben kann.

Ich spüre eine Verwandtschaft des Schicksals,
die mich derart erschrickt, daß ich vor ihr stehen bleiben muß.
Vielleicht war ich im vorigen Leben
eine plattgetretene Blechdose, oder soll eine sein, im nächsten.

Oder ich bin sie längst, nach wie vor? und merk's nur nicht.
Obwohl ich mich der geliebten Landschaft wegen bückte,
jetzt, da ich das gewisse Etwas
als fremde nasse Hand in der meinen spüre,
klingt deren Stimme so laut in mir, so herzlich,
daß ich weiß, die Landschaft kann warten.

Manchmal geniere ich mich, wenn mich die Augen der Feinen
auf frischer Tat ertappen. Dann wieder bin ich stolz
auf den unüberbietbaren Realismus meiner Weltrevolution
und ich wünsche mir, ansteckend zu sein.
Und tatsächlich, immer öfter seh ich neuerdings Leute
mit Plastiktüten in der Hand am Wegrand sich nach etwas bücken,
das mit Sicherheit keine Blume ist.

*Man muß sie – natürlich – immerzu immerfort von neuem
aufräumen, ordnen, diese vom Menschen vergewaltigte Welt.
Aber der vergessene Rest, . . . zum Weinen schön,
Und grausam, zum Lachen, dann am Ende ausgerechnet
das Wohlgeordnete, das Aufgeräumte.*

*Und so erheben meine Müll-Bilder
weder Klage gegen die Verwahrlosung des Garten Eden,
noch wollen sie streiten für die Ästhetik des Kaputten.
Erst nach Dienstschluß der Ordnungshüter und -verweigerer
entstehen sie, beinahe heimlich,
unlustig gegenüber jeder Art von Lob oder Tadel,
wie es nun mal die Art ist von Liebeserklärungen, Huldigungen
an höhere Ordnungen, Natur-Gesetze,
während sie, zügellos, gleich-gültig,
an allem ziehen, zerren, schütteln und wittern,
und an die Dinge in ihren letzten Stündlein,
und an das Wesen der Vergänglichkeit,
das sich im Ringen mit seinem Ewigkeitswillen
großartig geduldig vor meinen Augen abzeichnet,
denen es früher oder später auch nicht anders ergehen wird
als diesem alten Hut, der ihresgleichen
einst vor der Sonne schützte und jetzt im Sand liegt
nicht weit von der Strohmatte, made in Thailand,
von deren Sorte ich gerade ein neues Exemplar kaufte,
um auf ihr liegend in die Sonne zu blinzeln.*

*Oder das zerrissene Nescafé-Paket.
Der ganze leidenschaftliche Glaube, der es aufriß und fortwarf,
galt unerschütterlich dem Inhalt, der sein Geld wert war
und inzwischen getrunken wurde, höchstwahrscheinlich
mit Milch und Zucker. Das Paket selbst indessen
blüht lachend am Strand, ausgerechnet, und ich dachte,
ich wär der erste hier, nach Odysseus. Ich liebe nichts
desto weniger dieses Griechenland.*

*Manchem am Straßenrand sehe ich an, daß der Entschluß
zur Preisgabe des eigentlich nach wie vor Wertvollen
lange zu seiner schließlichen Reifung brauchte.
Da liegen sie nun, schüchtern im Kellerloch,
Stern, Quick und Bunte, immer noch
farbenfroh wie auf dem Höhepunkt des Wettbewerbs,
und ich überlege mir, ob ich mich nicht ein Weilchen wenigstens
zu ihnen setze.*

*Als sie starb, die Alte,
entdeckten, die bestellt waren, ihren Hausstand aufzulösen,
im Keller, sorgfältig geordnet in beschrifteten Kisten
die Abfallprodukte ihres Lebens.
Ganz fest wird sie dran geglaubt haben, hoffentlich,
daß es sich noch einmal bezahlt machen wird, sie aufgehoben zu haben
über all die schamlos fetten Jahre hinweg,
diese doch schließlich nicht grundlos glänzenden Milchdosen
mit den schönen glücklichen Kühen drauf?
Zum Glück, denken die Erben, war sie keine Lastwagenfahrerin!
Aber vielleicht hätte sie aus den alten Reifen
Schuhsohlen zurechtgeschnitten, nach Feierabend,
wie der Schuster in Pondicherry, dem ich's noch heute danke,
wenn ich in seinen Sandalen durch die Straßen schlendere.*

ASPHALT

Wo immer ich zu Hause war in meinem diesmaligen Leben,
nie brach der Boden unter mir auf,
kleine Erdbeben gelegentlich,
versetzten mich zutiefst in Schrecken,
und waren auch schon vorüber.

Aber die Risse im Boden, dem sorgfältig geteerten,
gleich vor meinem Haus, wo immer es gerade steht,
erinnern mich auf meinen Gängen daran,
daß ich früher oder später ohne Flügel
nicht überleben werde, und zugleich,
wie jenseits meines Lebens oder Nichtlebens
das freie Spiel der Kräfte
Grenzen verachtet, die man ihm setzt.

Aufbrüche aus der platten Ordnung,
Millimeter für Millimeter,
Entscheidungen fällend, Richtungen ändernd,
aufs Äußerste gespannt, in rasendem Tempo,
während sie mir Unbeweglichkeit vortäuschen,
Gelassenheit, Zeitlosigkeit, Nichtigkeit.

Phantasievoll! würde der Kunstkritiker sagen.
Diese Freiheit der Assoziation!
Einfallsreich! Wendig! Formvollendet! Vielleicht
fast ein wenig geschmäcklerisch:
Es fehlt – die Kühnheit, und die Auflehnung,
keine Spur vom Zorn gegen die Kunst,
und eben nichts Faustisches ... aber nichtsdestotrotz
die Handschrift eines Meisters, das muß man sagen.

Linien wie Flüsse, wie Adern, wie Geäst,
Linien blitzgescheiten Wachstums, wachsend
wie Gewächse (kein Wunder). Gewächse aus Nichts.
Aus Spannung, die sich den Weg bahnt
an jeweils widerstandslosester Stelle.

Spannung und Nichtspannung
als heimliches Liebespaar,
brechen einander Bahn,
und Bäume streuen Blumen zur Hochzeit.

Der Boden muß halten, also muß er was aushalten.
Er ist solide gebaut. Reißt er, wird er geflickt
oder herausgerissen und erneuert. Er dient dem Verkehr
(mach's Fenster zu! Du hast die Laster auf deiner Seite,
solange ich auf der Überholspur fahre).

Auf diesen Boden, den asphaltierten,
selbst wenn für seine Sauberkeit gesorgt wird,
schaut nur, wer nach etwas sucht,
einem Schlüssel oder einem Geldstück.
Aber die Zeiten ändern sich!

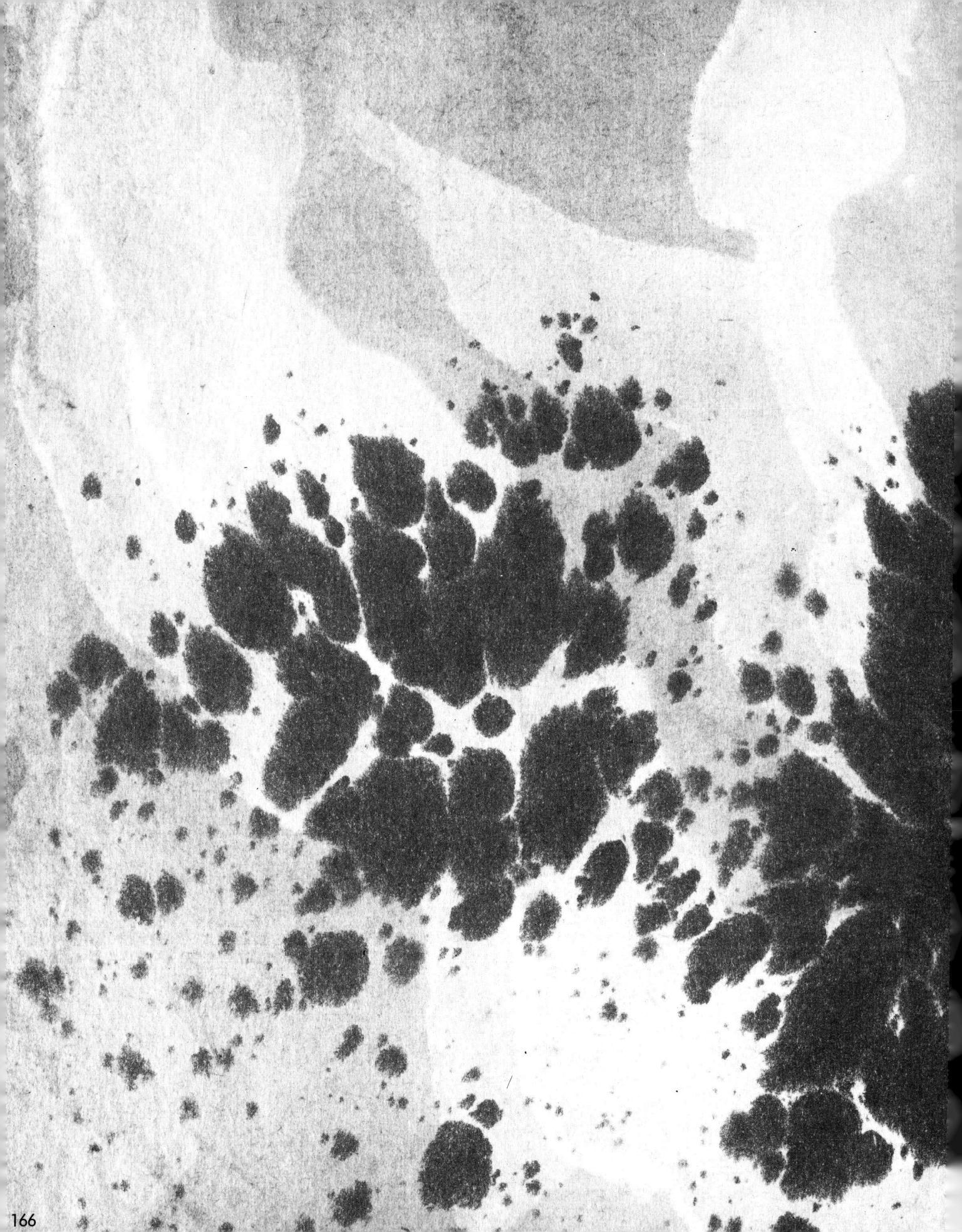

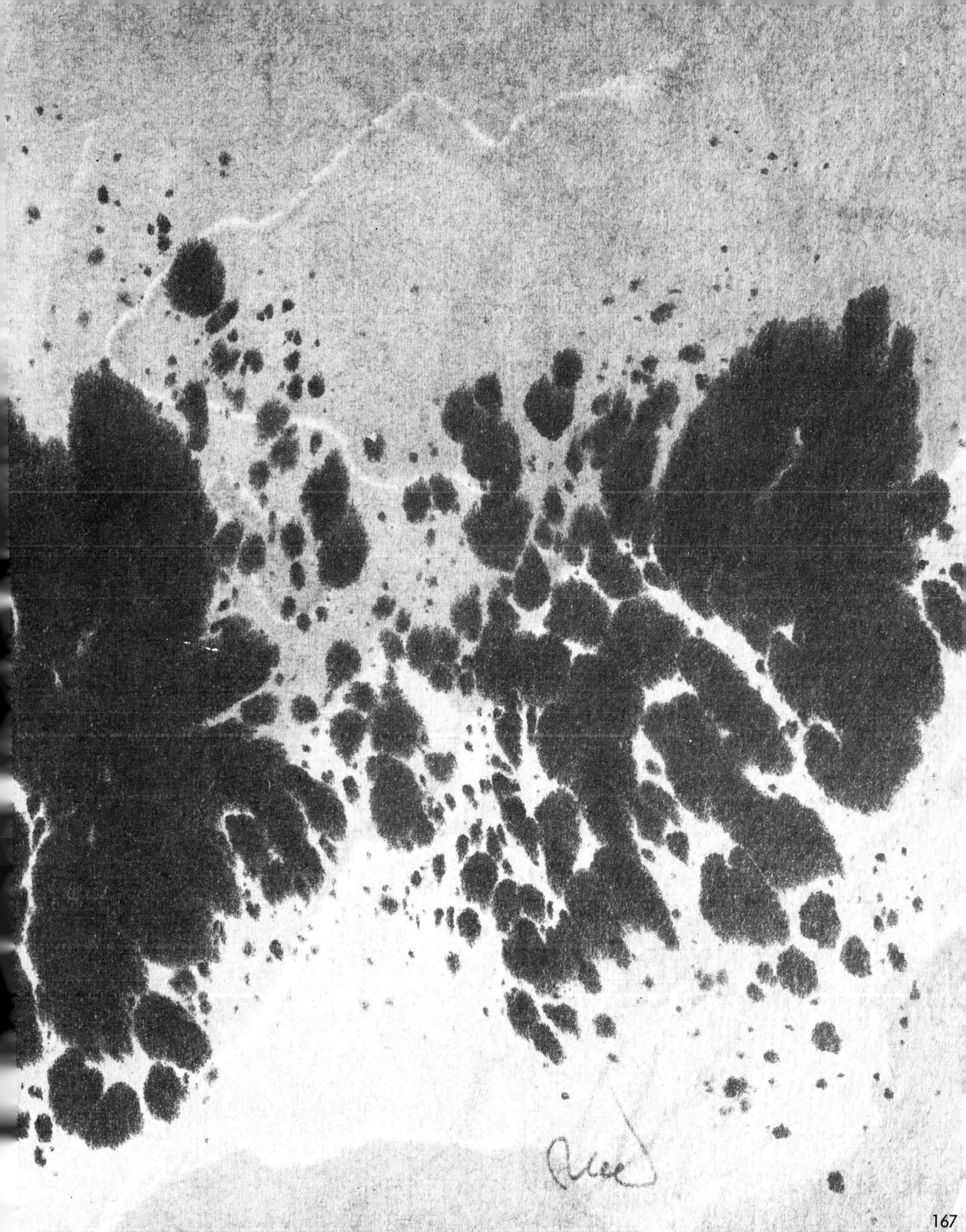

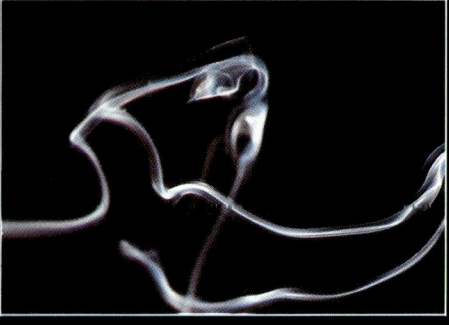

DER WIND, DER WIND,
DAS HIMMLISCHE KIND

*Rauch aufsteigen sehen aus einem Räucherstäbchen,
in einem Raum, den kein Lüftchen zu bewegen scheint.
Den Rauch – auf dunklem Hintergrund –
von der Sonne bescheinen lassen.*

*Dieses Schauspiel, das ich schon so oft – meditierend –
vor mir sich ausleben ließ . . .
schon immer wollte ich es fotografieren,
am liebsten natürlich mit Motordrive
und dann in Höchstgeschwindigkeit,
um mitzukommen mit diesem ungeheuren Bewegungsdrang,
der Schöpfung, die sich mir da vorführt.*

*Nichts als Rauch! Und doch
von einer solchen Fülle geistvoller Einfälle!
Was tut er mehr, als sich – leichter als Luft –
seinen Weg durch ihre Bewegungen zu bahnen,
nach oben, ins Reich des weniger und weniger Erforschlichen
hinein sich verflüchtigend.
Solltest du einmal daran zweifeln,
als Künstler geboren zu sein,
schau ihm zu, eine möglichst lange Weile,
gib dich hin dem Rausch des Rauches,
sei ganz Rauch, und dann
laß los und sitz eine ebenso lange Weile ohne ihn.*

*ODER
setz dich hin mit Pinsel und Papier
und zeichne Linien nach Art des Rauches:
am Anfang steht die Hand sich noch im Wege
und der Pinsel dir mit seiner Eigenwilligkeit,
und ihm das Auge, das mit seinen Vorstellungen kommt
und immer wieder unwillig aufhält.*

*Aber gib nicht auf, laß vielmehr all das gelten
als Zusammenspiel verschiedener Parteien
im Parlament deines Körpergeistes.
Ein paar Jahre habe ich so den Rauch gemalt,
ehe ich den Pinsel endlich beiseite legte,
um die Hand ohne ihn in die Luft malen zu lassen.
Nun ja: Die Bilder sind weniger handgreiflich,
es gibt keine Spuren, es ist einfach hinterher nichts da,
auf das man stolz sein könnte, irgendwas
zum Verschenken oder Verkaufen oder Aufheben
oder wenigstens zum Sich-wieder-Ansehen.
Und es fehlt die Möglichkeit, von sichtbaren Ergebnissen
und daraus sich sammelnder kritischer Einsicht
sich belehren zu lassen.*

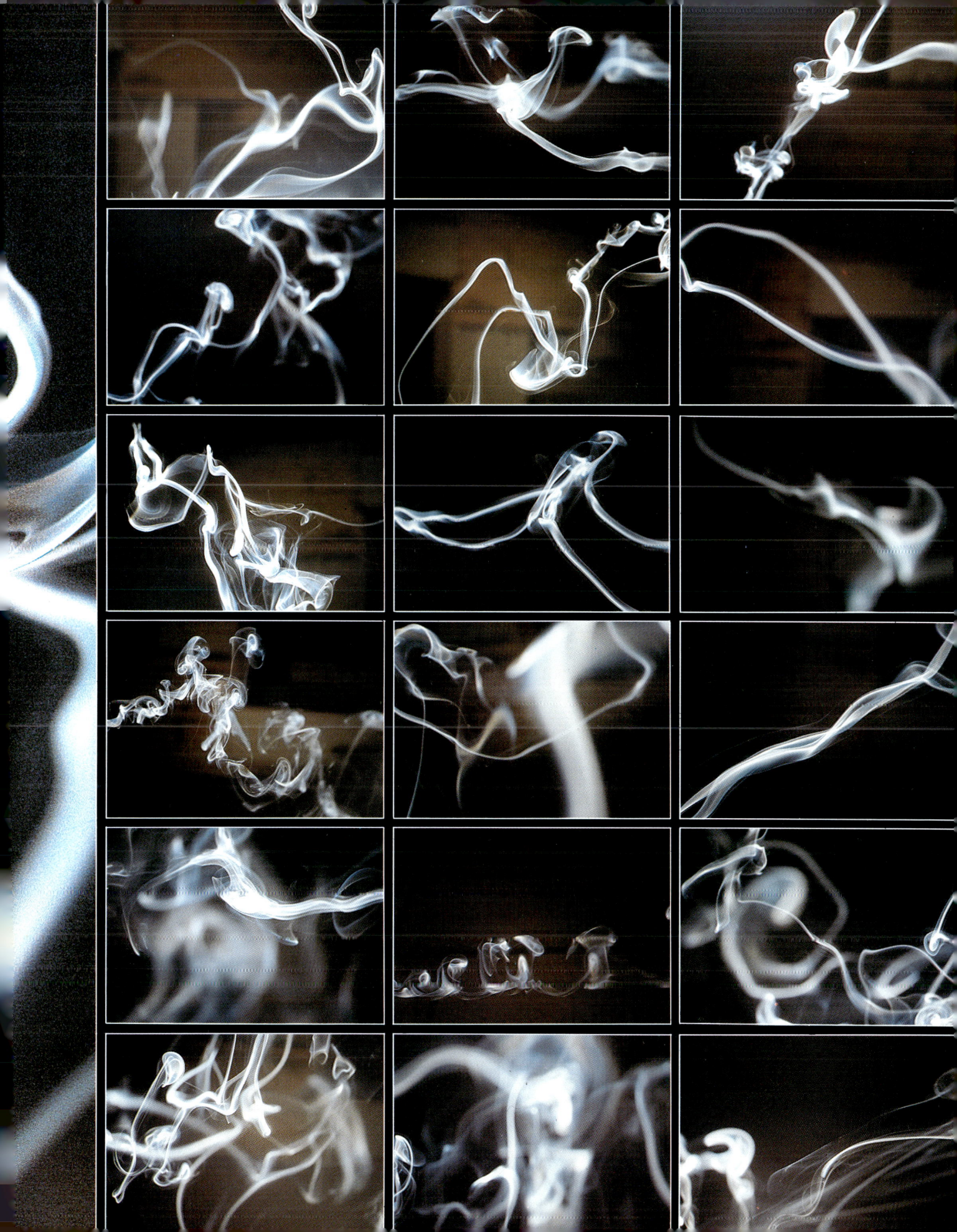

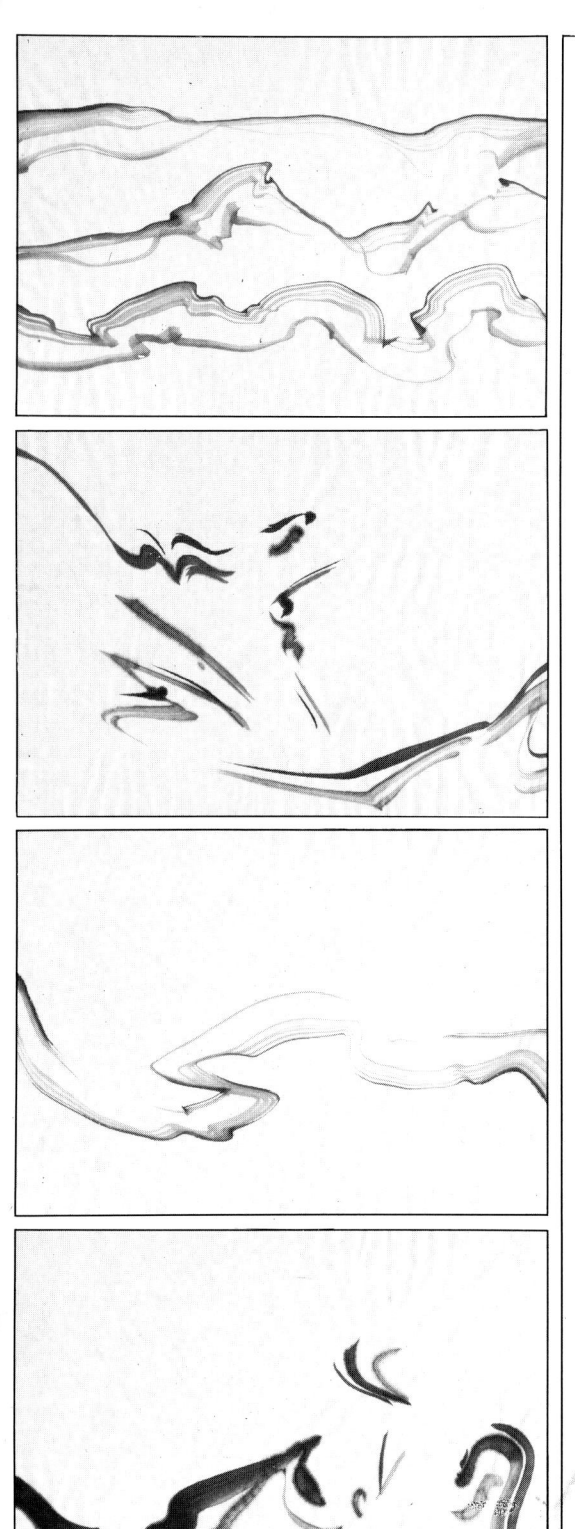

*Dafür werden die Hände sich in ihrem Innersten
des Beweggrundes ihrer Malerei bewußt
als des tanzenden Geistes, der weht, wo und wie er will
(„ruach" heißt Geist, auf hebräisch,
und auch die kleineren Geister,
für die sich Kinder so begeistern können,
werden in der Regel sehr rauchig
und entsprechend flüchtig dargestellt).*

*Die Hand im Rauchtanz beflügelt den Körper.
Der Körper wird leicht, alles spielt mit,
aus den Fingerspitzen
wächst die Kraft des leicht wehenden Fließens
in die Schultern, in die Wirbelsäule, in die Hüften,
in den ganzen Körper.*

*Eine völlig eigene Kunst oder Meditation
oder Therapie der Bewegung
entwickelt sich ganz nebenbei daraus,
daß man täglich, wenn andere ihre Yogaübungen machen,
Rauch spielt, bei den Händen beginnend,
bis man's ganz ist.
Versuchs mal. Bitte!
Hinterher still sitzen, und nichts als da sein.
Wahrhaftig! Nie war Meditation so voller Leben!
Nie war Stille so bewegt und doch so ruhig!*

*Und erneut dem Rauch zuschauen
und erneut ihn malen ...
und über die Jahre des Rauch-Buchs
entwickelt sich die Bewußtheit
einer Rauch-Schrift:*

*Bewegungen, die immer wieder auftauchen,
verwandelt natürlich, aber doch sich gleich,
werden nicht vermieden als lästige Zeichen
scheinbar unschöpferisch geistloser Wiederholung,
nicht abgetan als Beweise für mangelnden Ideenreichtum,
sondern werden angenommen, ja willkommen geheißen
als zur Meditation herausfordernde Rätsel des Seins,
in ihrem Miteinander als mantrisches Gewebe.*

*Und geben sich schließlich als Wörter zu erkennen
innerhalb des Sprachzusammenhanges,
jenes Geschehens, das, noch unverdorben
von der sprachlichen Besitzgier des Menschen,
sich selbst zu gefallen redet, eben
wie es der Schöpfung entspricht, und ihrem Schöpfer.*

*Wenn das Wort am Anfang steht,
dann ist es sein Alleinunterhalter,
und da es Fleisch ist, hat es nichts anderes zu tun,
als Bewegung zu spielen,
seine eigene Bewegung zu genießen, das Nichts be-wegend.*

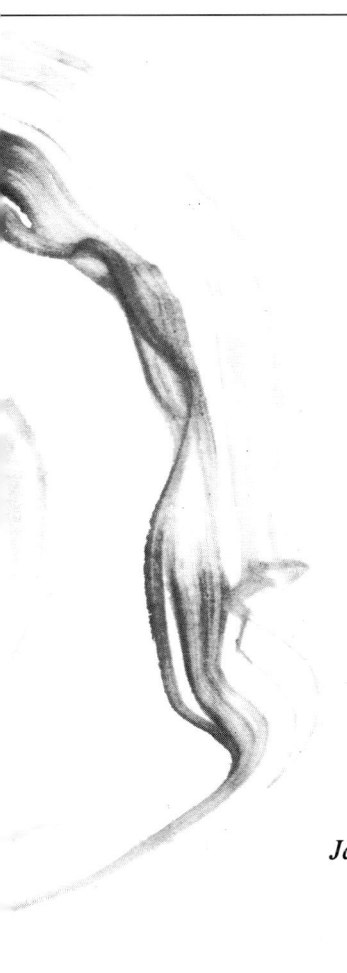

Der Weg der Hand ist der Weg des Rauches,
ist der Weg des Pinsels.
Auch die Wörter,
mit denen wir uns den Käse erhandeln,
den alten wie den neuen,
stammen von diesem Rauch ab
und werden sich in ihn zurückverwandeln.

Und eine Melodie wird sich daraus ergeben:
was die Hände machen, macht mit Leichtigkeit
das Stimmbandpaar, und erkennt sich wieder
in seiner ureigentlichen Bewegung.
Tatsächlich, der gleitende Tanz der Stimme
entspricht dem Aufundab des Sprechens,
ungebunden an Tonhöhen, ganz dem Spiel
allerfeinster Muskulatur gehorchend,
die sich daraufhin entwickelte,
den Geist zu Wort kommen zu lassen,
und ihm, fleischgeworden, ganz einfach
die ihm gebührende Stimme zu geben.

Inzwischen scheren die Töne sich nicht mehr
um Wörtliches, nicht mehr um Bedeutung.
Sie lauschen ihrem Tanz, glauben ihrer Bewegung,
und, fasziniert von ihr, entdecken sie
Jahrtausende des Gesprochenhabens als Voraussetzung
für das neue Verständnis
der sprachlichen Tiefe des Wortlosen.

Eine Melodie freien Aufundabschwingens.
Ganz und gar Körper, begeistert
von allem, was Geist ist.

Oder – endlich – der Atem:
erkennt sich als Rauch,
und beobachtet sich: geht in sich,
hörbar – spürbar,
als Tanz wie im eben gelesenen Bilden
des sichtbaren Rauches.

Und der Atem wird zum Sänger, zum Atemsänger,
und es entsteht eine tonlos rauschende
Musik des Atems,
bei jedem, der sich so zuhört,
und eines Tages wird sie der Klaviermusik
an Literatur überlegen sein.

Und Solisten werden auftreten,
vielleicht nicht mehr im Frack,
aber nichtsdestoweniger allen Ernstes,
und werden Rauch singen, Atem darbieten, hören lassen
in der ganzen Schönheit von seelisch-körperlichem
Wind und Wetter.

Das Räucherstäbchen . . .
Ich werde jetzt wieder eins anzünden und
mit ganz neuen Augen und ganz neuem Herzen
seinen Rauch als Inbegriff
meines Besitzens und Nichtbesitzens
erleben.

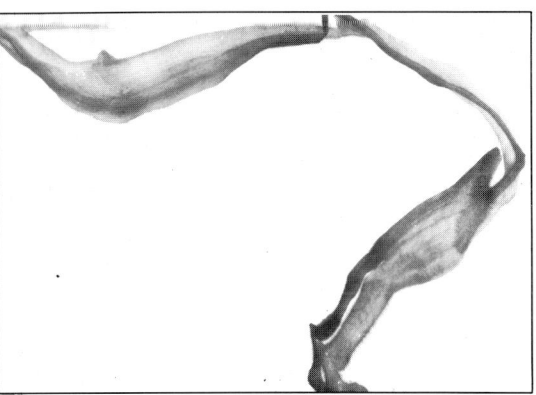
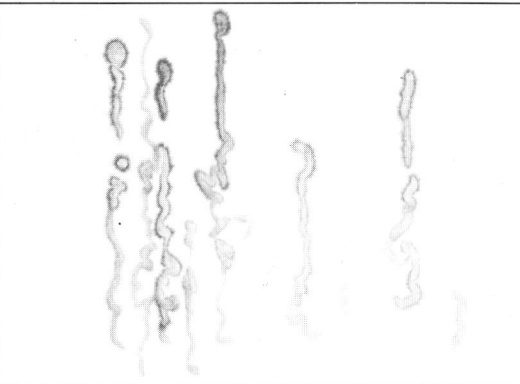
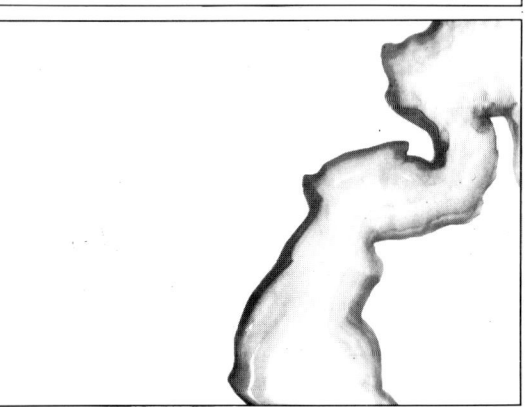

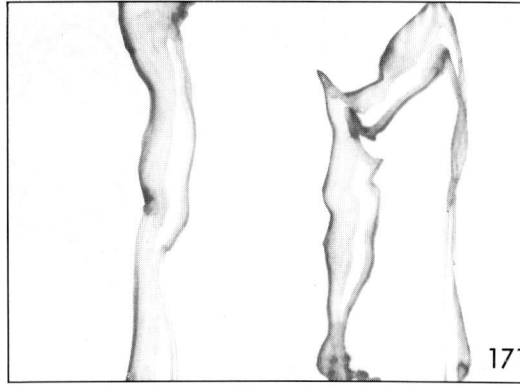

WELLEN

Boote,
in der Mittagssonne
schaukelnd,
nein,
ich träume nicht,
handfest,
körperlich,
bunt,
selbstsicher,
ausgestattet mit
allem nur Denkbaren,
um Bedrohungen
und Zweifel
zu überdauern,
eingerichtet, mich
und meinesgleichen
hinüberzutragen
über die Wellen,
auf Umwegen
vielleicht,
aber doch
immer wieder zurück
auf zuverlässigen Boden,
spiegeln sich im Wasser
in einer Weise,
als wüßten sie längst,
daß sies nicht sind,
daß der Schein trügt,
und ihrer erst recht,
als gäben sie sich
derart dingfest
nur für uns,
die Ungläubigen,
die für Illusion halten,
was nicht aufgeht
mit den Rechnungen,
auf die man so baut.

Klar, wer durch die
Luft gehen kann,
geht leichtfüßig
auch über den See,
bei jedem Wetter.
Aber die anderen...

Was mir egal ist,
denn ich spüre
das Lied deiner Seele
in mir schwingen.

*Haut an Haut, wir beide, ununterscheidbar selbst für Kenner
und doch aufs Deutlichste voneinander getrennt, denn sonst
gäbs uns nicht, so, wie wir sind, je für sich
und dann wiederum wärs nichts (aber auch gar nichts)
mit dem schönen Miteinander.*

*Was in Wasser noch sichtbar ist, und im Rauch,
dieses elegante, unermüdlich einfallsreiche Spiel der Kräfte,
in der Luft, und in den Schwingungen der Seele, und des Geistes
zeigt es sich – jedenfalls den Augen – nicht,
und ist dennoch das gleiche, ungestört aus und ein gehend
durch mich und dich, wenn Es uns bewegt.*

*Und ich ahne: alles bewegt alles, nichts bleibt sich erspart,
während ich, Linie um Linie ziehend,
dem Wesen der Folgsamkeit lausche
in der Entfaltung der Wellen-Schrift.*

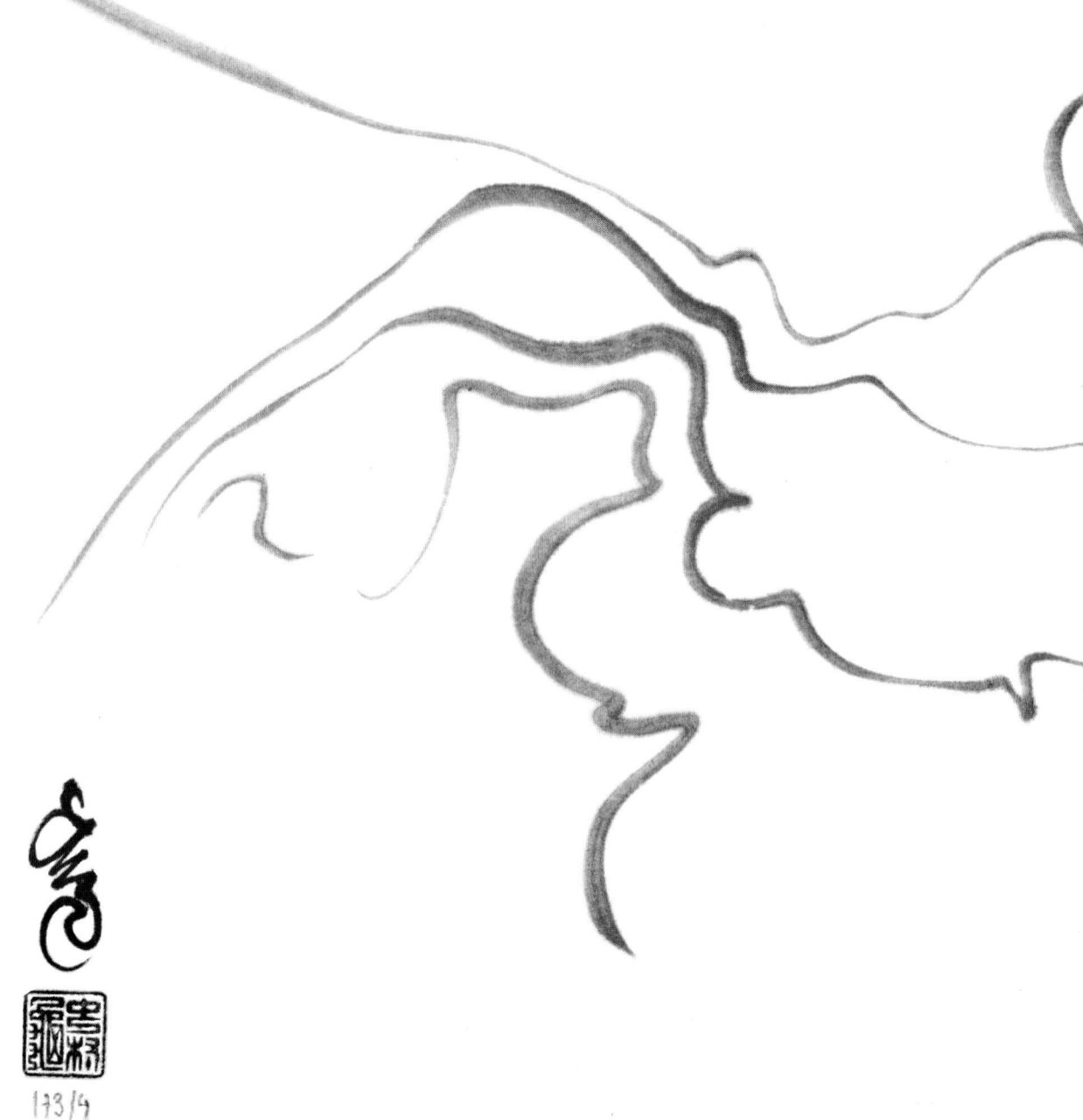

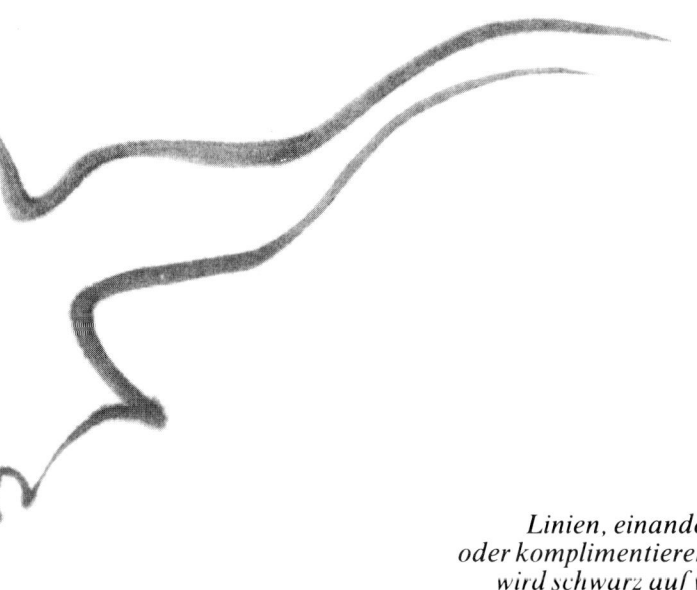

*Linien, einander komplementierend,
oder komplimentierend (in irgendeinem Lexikon
wird schwarz auf weiß geschrieben stehen,
worin das eine sich vom anderen unterscheidet).*

*Jedenfalls: sie begleiten einander
im Spiel von Annäherungen und Entfernungen,
spüren einander auf, restlos, als Grund und als Aufgabe,
als Vergangenheit und Zukunft, gegenwärtig,
als da und dort, hier, als Karma, schuldlos.*

*Teilen einander mit im stetig unsteten Auf und Ab,
Moment für Moment, wahrheitsgemäß weil unmittelbar,
und ganz unverschämt körperlich:
wo ich bin kannst du nicht sein,
solange du irgendwo nicht bist, bin ich da,
soweit dus bist, bin ichs nicht.*

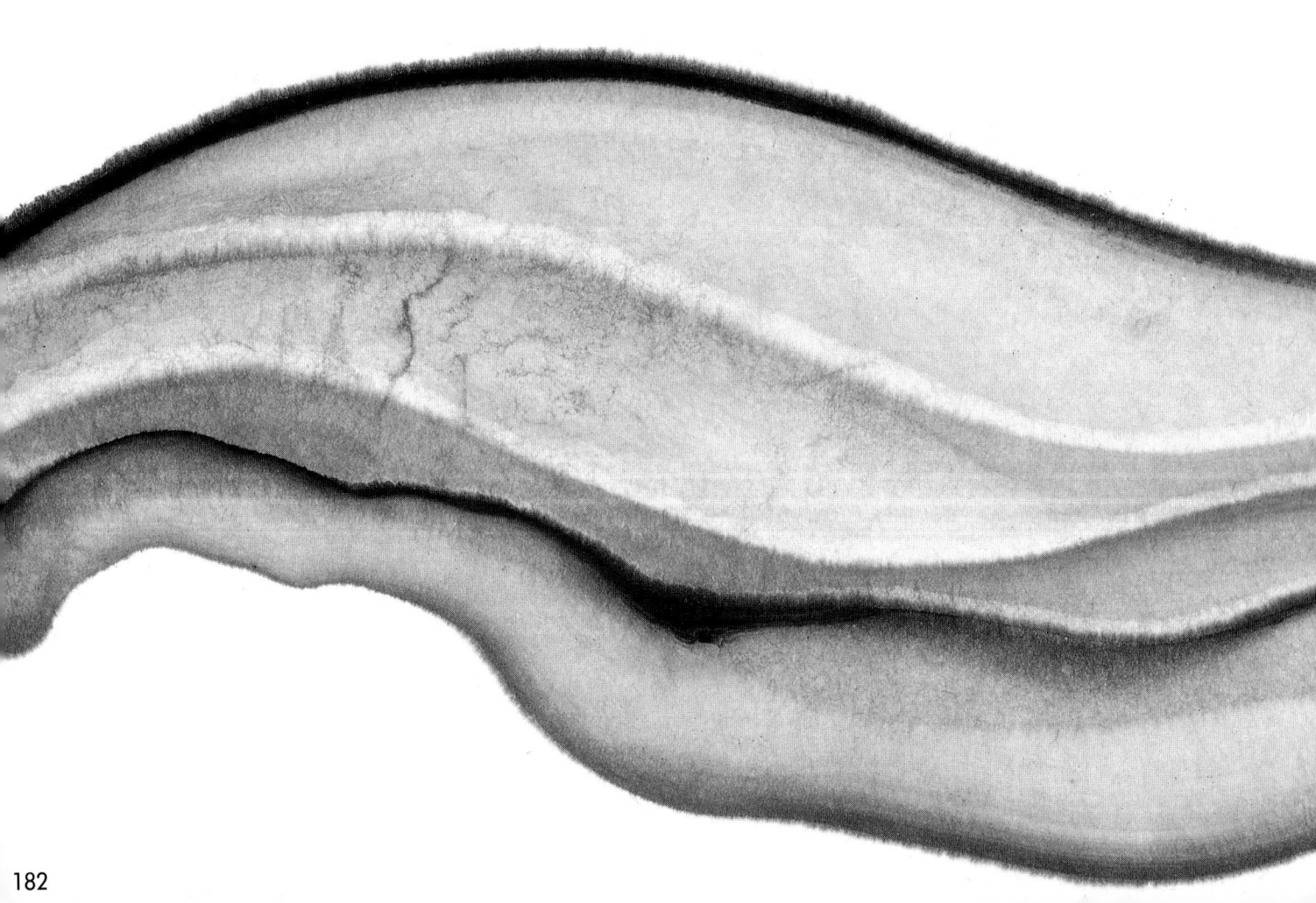

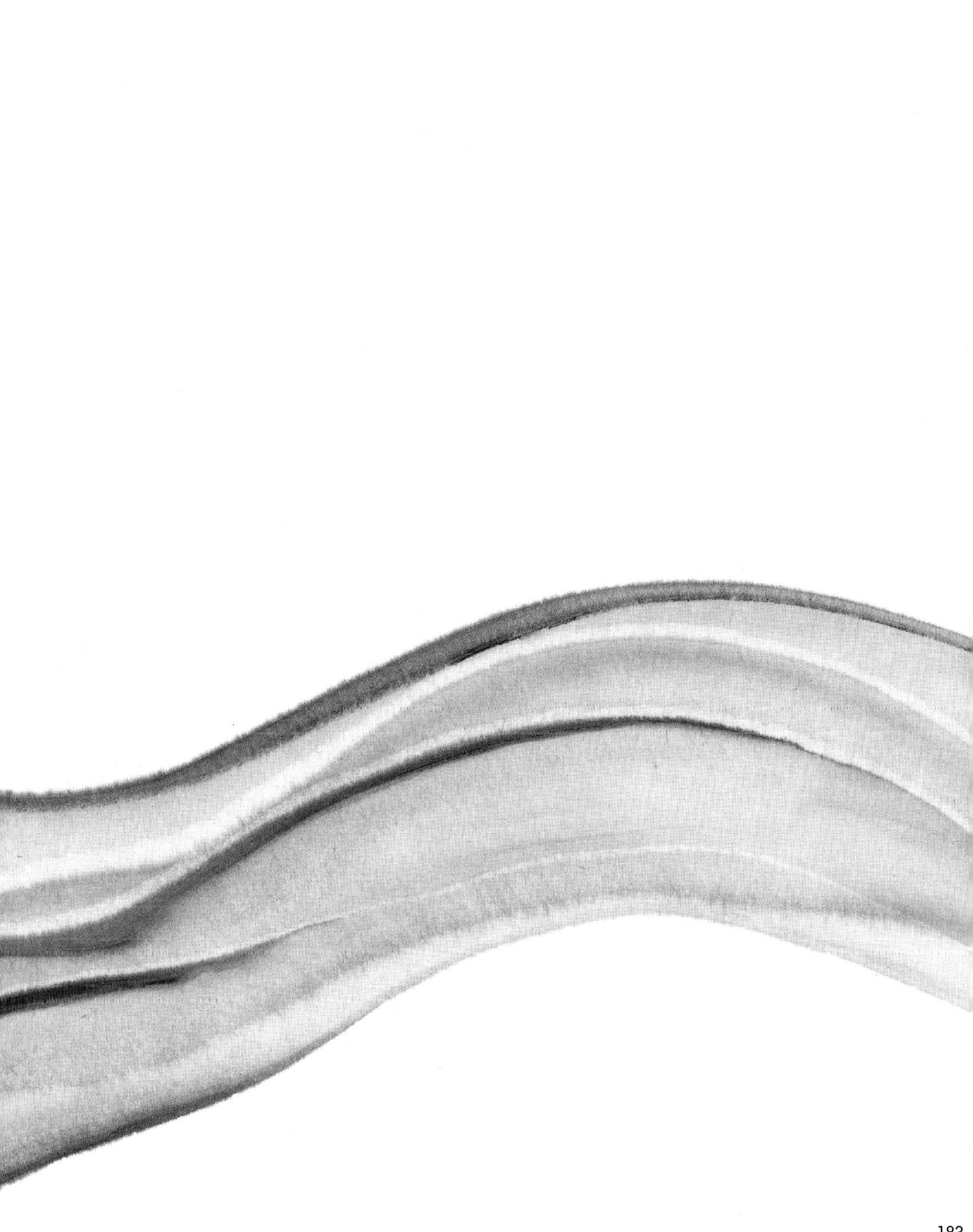

KLAVIER-TÖNE

I. GANZ OHR

Was macht man, wenn man ein Klavier zu Hause stehen hat,
aber leider nicht gelernt hat, auf ihm zu spielen?

Man setzt sich vor die Tasten und lauscht.
Hält sich, ganz lauschende Erwartung, der Stille hin.
Kaum merklich verwandelt sich der Raum in Gehör.
Alles, ob Schrank oder Bett, Wand oder Wolke, ist Auditorium.

Der rechte Fuß drückt das rechte Pedal herunter.
Die Saiten liegen offen, sie sind wach und lauschen mit.
Der Schrei einer Möwe würde sich in ihnen
reflektieren wie im Meer die Sonne.

Irgendwann, mitten hinein
in die Stille allumfassenden Ganzohrseins,
ein Tastendruck und ein Ton.

Ist man in der Lage, diesen einen einzigen Ton
als vollwertiges Stück Musik anzuerkennen,
dann kann einem eigentlich niemand mehr etwas vormachen.

Dem Ton zuhören, dem einen, einzigen,
so lange, bis sich auch die letzte Spur von ihm
ins um ihn herum kreisende Universum verteilt
und aufgelöst hat.
Erst dann ist das Stück zu Ende
und die Verbeugung fällig
vor den Ohren des Erhörers.

Aber wie, fragt man sich, komme ich
an ein Selbstbewußtsein, das Derartiges wagt?
Das Selbstbewußtsein kommt ganz von selbst.
Man muß sich nur Zeit lassen, hineinzuhorchen in den Grund,
in welchem Selbst, Bewußtsein und Ton sich einig sind.
Man muß für einen Augenblick alle Unterschiede vergessen.

Ich werde nie müde, dieses Stück zu spielen.
Es ist immer wieder ein neues Erlebnis.
Es gibt so viele Klaviertasten ... schon deswegen.
Und immer wieder frage ich mich aufs neue,
wieso Beethovens Neunte und dieser eine Ton
es qualitativ miteinander aufzunehmen vermögen.

II. MANTRISCHE VARIATIONEN

*Lauschendes Innehalten ...
Heruntergedrücktes rechtes Pedal ...
und irgendwann legen sich
mehr oder weniger viele Finger beider Hände
gleichzeitig auf die nächstbesten Tasten
und lauschen dem verhallenden Klang
der mehr oder weniger zufällig vereinten Töne.*

*Noch während seines Klingens wird der Klang erneuert,
nun aber nicht mit allen Fingern gleichzeitig
und auch nicht mit allen Fingern gleichartig.
Und diese Ungleichzeitigkeit und Ungleichartigkeit
eröffnet den Spielraum des wieder und wieder
sich aufs neue erfahrenden Kreises.*

III. ÄUSSERSTES INNEN

*Stille – das niedergehaltene Pedal –
die Ahnung wacher, dem Raum lauschender Saiten ...*

*und dahinein ein tiefer Ton,
nicht irgendeiner – ein ganz bestimmter, wieder und wieder
belauscht in der von Mal zu Mal neuen Weise seines Erklingens,
seines Insichgehens, seines Sichaufgebens in die Weite.*

*Allerfeinste Unterschiedlichkeit
im Anschlag, im Fingerspitzengefühl für die Saite
durch die ganze komplizierte hölzerne Mechanik hindurch,
als wäre sie Bestandteil des Fingers, aus Fleisch und Blut.
Eine riesige Skala zahlloser Lautstärken und Lautfarben
frei auf und ab als Landschaft sich schwingend
entspricht der Vielfalt, Feinheit und Freiheit
des sich Schritt für Schritt neu entdeckenden Tastsinns.*

*Zuerst selten, jeden Ton für sich
in seine ihm eigene Tiefe hinein verfolgend.
Dann allmählich beschleunigend, allmählich:
nach wie vor mit viel Gespür von Schritt zu Schritt,
und schneller, immer schneller, das Tasten, das Gespür,
bis zum Äußersten schließlich,
bis zur absoluten Raserei.*

*Der Raum ist voll bis zum Rand und drüber hinaus.
Keine Saite, die sich
dem Rausch des Vibrierens entziehen könnte.
Alle Tasten sind in Bewegung,
bilden die Ohren sich ein, irrtümlicherweise.
Oder?
Und der Rückweg, langsam, langsam verlangsamend
bis in die Stille des Anfangs,
das große Ritardando des Weges nach Innen,
auf dem man sich gar nicht genug Zeit lassen kann ...
und am Schluß der eine Ton, der eine letzte,
klingt so lange nach,
bis das ganze Universum sich restlos in ihm aufgelöst hat,
ich meine, bis Fahrradklingel, Kindergekreisch und Vogelruf
sich deinen Ohren erkenntlich erweisen
als Äußerstes Innen des Tones der Töne.*

*Erst dann
die gebührende Verbeugung
vor frenetisch klatschender Menge.
Oder die zum Dank gefalteten Hände
vor den Ohren des Nichts.*

KLAVIER-TÖNE

IV. PIANISSIMO

Lautloses Spiel der Finger auf den Tasten,
lautlos, so behutsam, so sanft setzen sie auf
in zauberhaft, in unerhört geschmeidiger,
vielsagend poetischer Bewegung.

Es könnte ein Stummfilm sein,
aber nein:
der Rest:
die Töne, die unvermeidlichen,
die sich ergeben, weil die Finger
nicht anders können,
als gelegentlich auch einmal
ein wenig zuviel in die Tasten hineingehend
Saiten zu beschwingen.
Der Rest...
Das Spiel am Rande des Hörbaren,
immer die Grenze riskierend
und gelegentlich ein Darüberhinaus
aus dem Unhörbaren ins Hörbare hinein
und wieder zurück.

V. EINSAME MELODIE

Im Hallraum der frei schwingenden Saiten
ein Ton nach dem anderen
aus der breiten Fülle der Tasten
beliebig aneinandergereiht.

Ton für Ton, mutterseelenallein
in den weiten, leeren Raum geschickt.
Jeden als einsames Einzelwesen, für sich,
begleitet von deinem Hören bis in die fernsten Tiefen,

und doch jeden im Zusammenklang mit seinen Nachbarn
erlebt, wie er seinen Vorgänger über-tönt
und wie er über-tönt wird von seinem Nachfahren,
erlebt mit einem äußersten Maß an Aufmerksamkeit
für das Miteinander,
die dramatisch scheue Phase des Miteinanders,
des Einandergeltens.

Und voller Freude am Fortgang des Tonweges.
Voller Erstaunen darüber,
wie sich die Töne zur Melodie vereinen,
einer Melodie, die Schritt für Schritt
auf dem Spiel steht, neu sich wendet, überrascht,
der kein Schritt selbstverständlich ist,
die jeden Schritt empfängt als ein ihr Zufallendes,
zufallend aus einem unergründlichen Schöpfungsspiel,
daran alles, sogar er, der spielende Hörer, Anteil hat.

VI. SÜSSE ERINNERUNG

Wieder diese einsame Melodie
kaum, und doch wie gründlich
aneinander sich erinnernder Einzelschritte,
diesmal aber immer nur auf weißen Tasten –
Schritt für Schritt jeweils zwei Töne zugleich nehmend,
einander benachbarte
mit jeweils einer stummen weißen Taste dazwischen.

Der Verzicht auf die schwarzen Tasten
bindet die Wahl zwischen kleinen und großen Terzen
an die Wahl des jeweiligen melodischen Fort-Schritts
– soweit man sich überhaupt aufs Wählen einläßt –
und konzentriert die melodische Linie
auf liedhafte Schlichtheit.

Die Terz, die süßeste aller Harmonien,
müßte einem eigentlich in dieser Überfülle zuviel werden,
aber sie wird es nicht, denn jede steht einsam für sich da,
hat Zeit genug, in sich hineinlauschend
den oberflächlichen ersten Geschmack
durch alle Hintergründe ihrer Empfindungen hindurch
in Tiefe hinein sich wandelnd
zu vergessen und zu erinnern,
sich auszulöschen als Geschmack
bis auf den Grund allen Schmeckens.
(das gleiche mit all den anderen Intervallen
mit Sekunden: LICHTER IM NEBEL, oder: ZWIELICHT, oder:
AGNUS DEI . . .
mit Quarten: KÜHLER MORGEN, oder: GLORIA . . .
mit Quinten: WARMER ABEND, oder: STERN-STUNDE, oder: CREDO . . .
mit Sexten: SONNEN-TRAUM, oder: LIEBES-LIED, oder: KYRIE . . .
mit Septimen: . . .
mit Oktaven: . . .
mit Nonen: . . .
mit Dezimen: . . .
ergibt eine ganze Klavierliteratur.
Intervall-Meditationen. Klang-Meditationen.
Und je nachdem, unter welchem Titel man sich
der Meditation des gerade geltenden Intervalles widmet,
wird eine andere Welt aus ihm entstehen,
eine andere Lebens-Weise, ein anderes Erstaunen.)

VII. EINFACH SO

Mit und ohne Pedal,
hallig in die Weite,
trocken in die Nähe,
wie in einem Raum, dessen Ausmaße
sich spielerisch verwandeln lassen,

die Melodie, die einsame, beschleunigend
und wieder verlangsamend,
sie zusammen- und auseinanderziehend,
wie in einer Zeit, die sich gestaltet
wie ein tanzender Körper,
unabhängig davon, in welche Töne
er sich gerade kleidet.

Bewegungen, der Finger, der Töne,
wie sie sich aus dem Augenblick ergeben,
aus dem Spiel im freien Feld der Tasten,

im vollen Genuß der Freiheit
angesichts so vieler
widerspruchslos sich fügender Tasten
und doch immer darüber wachend,
daß sich nichtwissend weiß, was geschieht.

Ton
für Ton
lebe ich.

Der Schlag
möge mich treffen
denke ich
und schlage zu.

Aller Anfang
ist schwer
obwohl
höchstens ein Kilo,
der Schlegel.
Aber die Stille . . .
wie sie wächst . . .

Täglich
soundsoviele
Schläge
und keinen mehr
(aber nicht
zählen!)
zu ganz bestimmter
(und doch
nie gleicher)
Zeit.
Schlag für Schlag
andersfarbig
weil
ich höre.

Das Schloß
seines Tones.
Ich traue mich
in seine Tiefe.
Ringsum
in die Weite hinein
zuschlagendes Tor.

Ich gehe
an der Hand des Tones
zuende.
Längst erloschen
steht mir noch immer
der Mund offen.

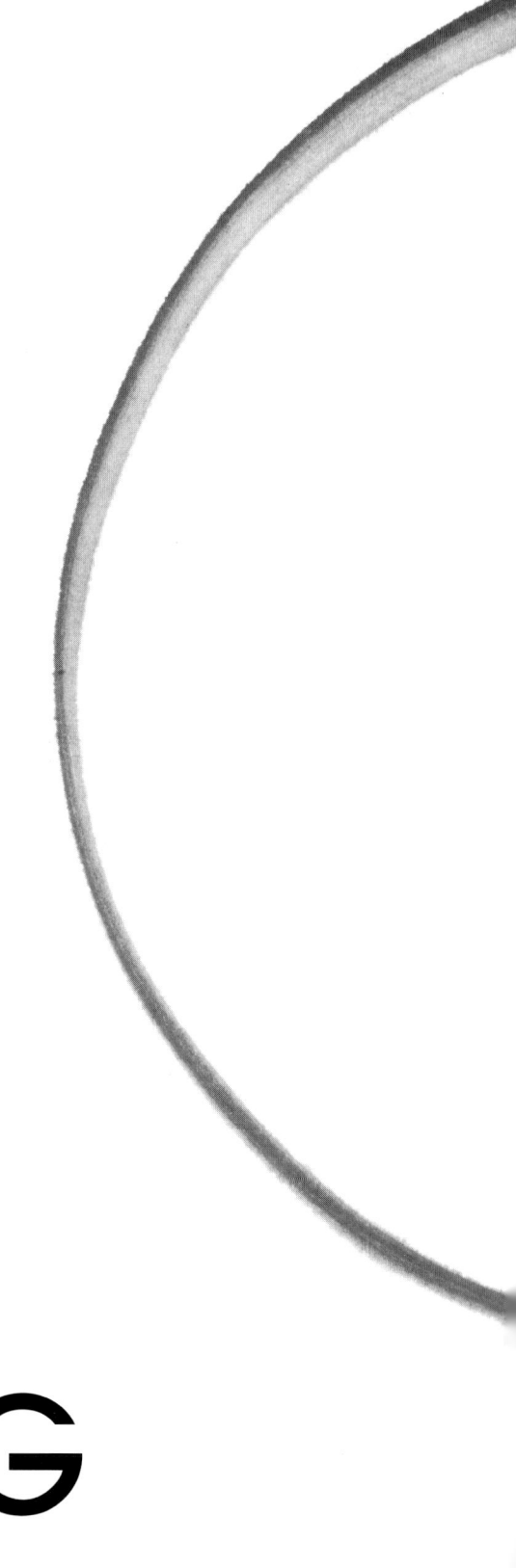

GONG

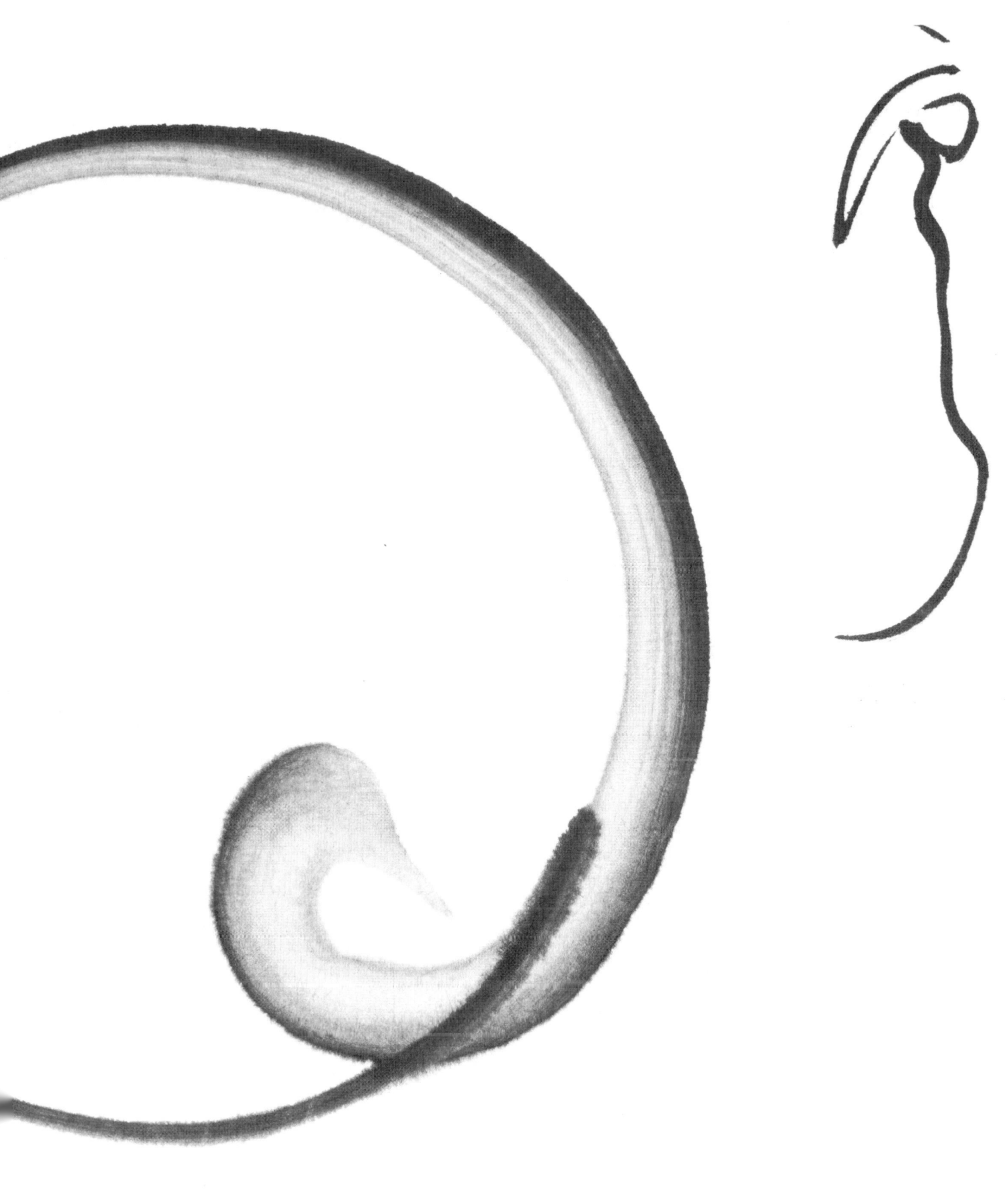

193

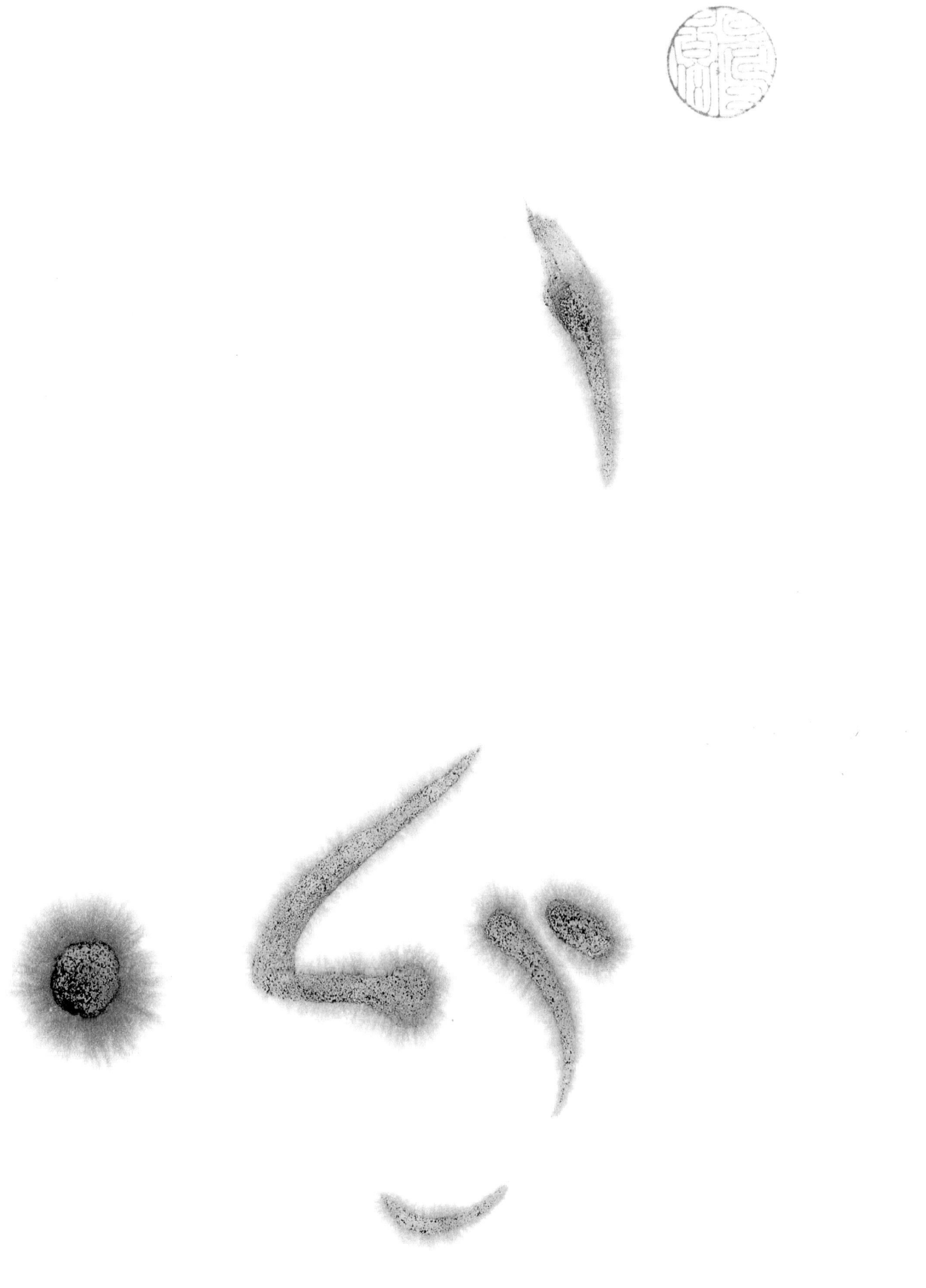

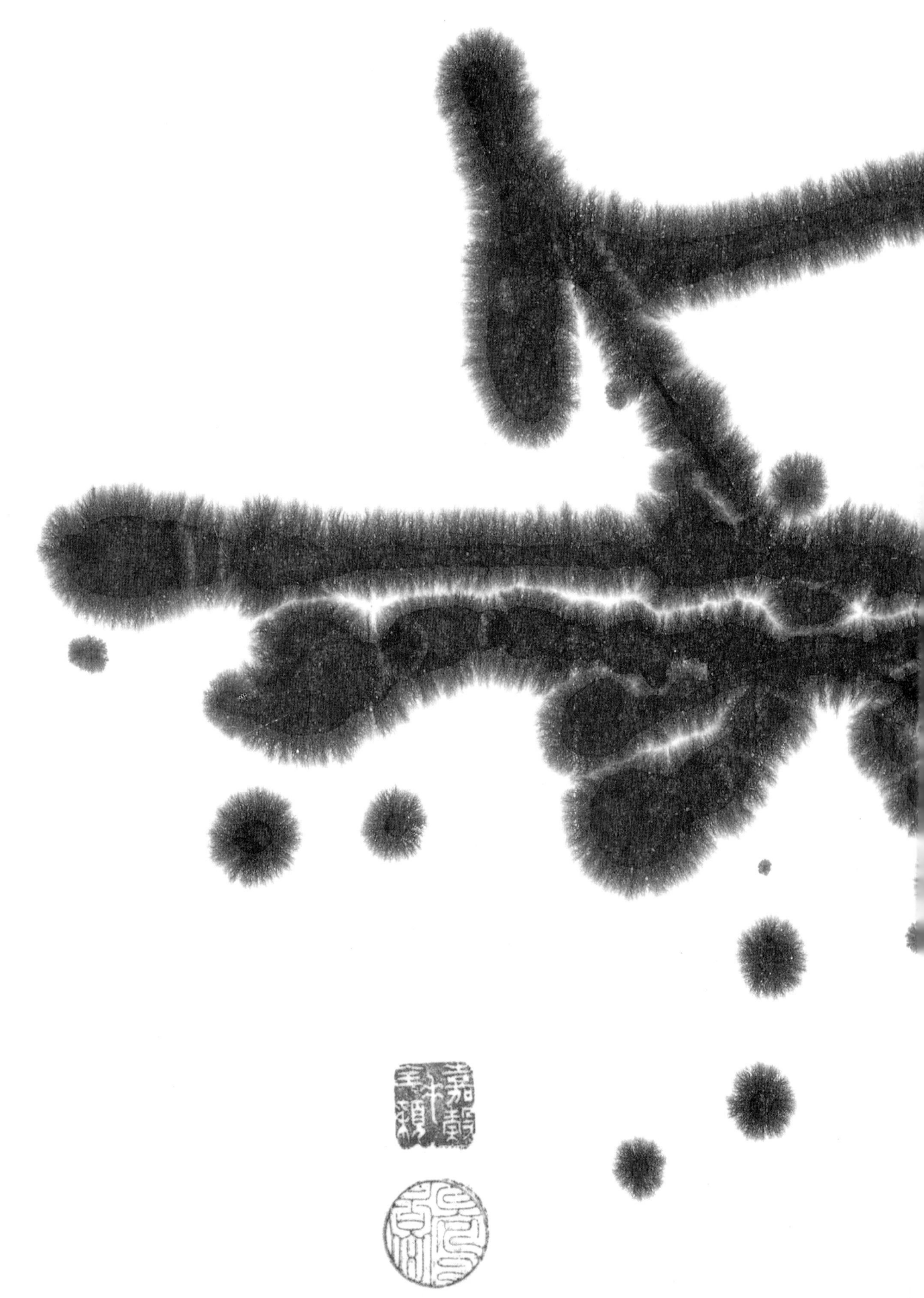

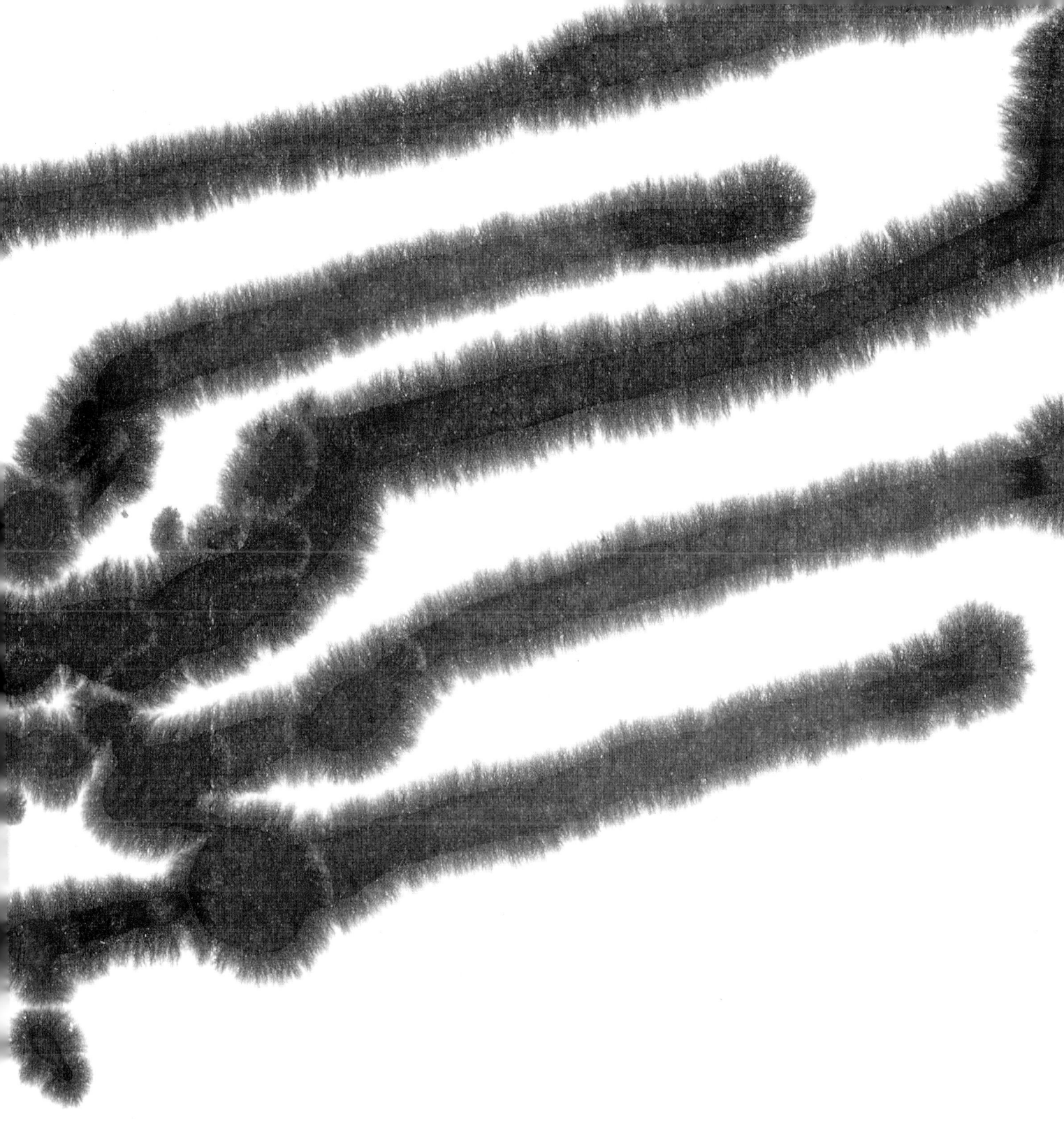

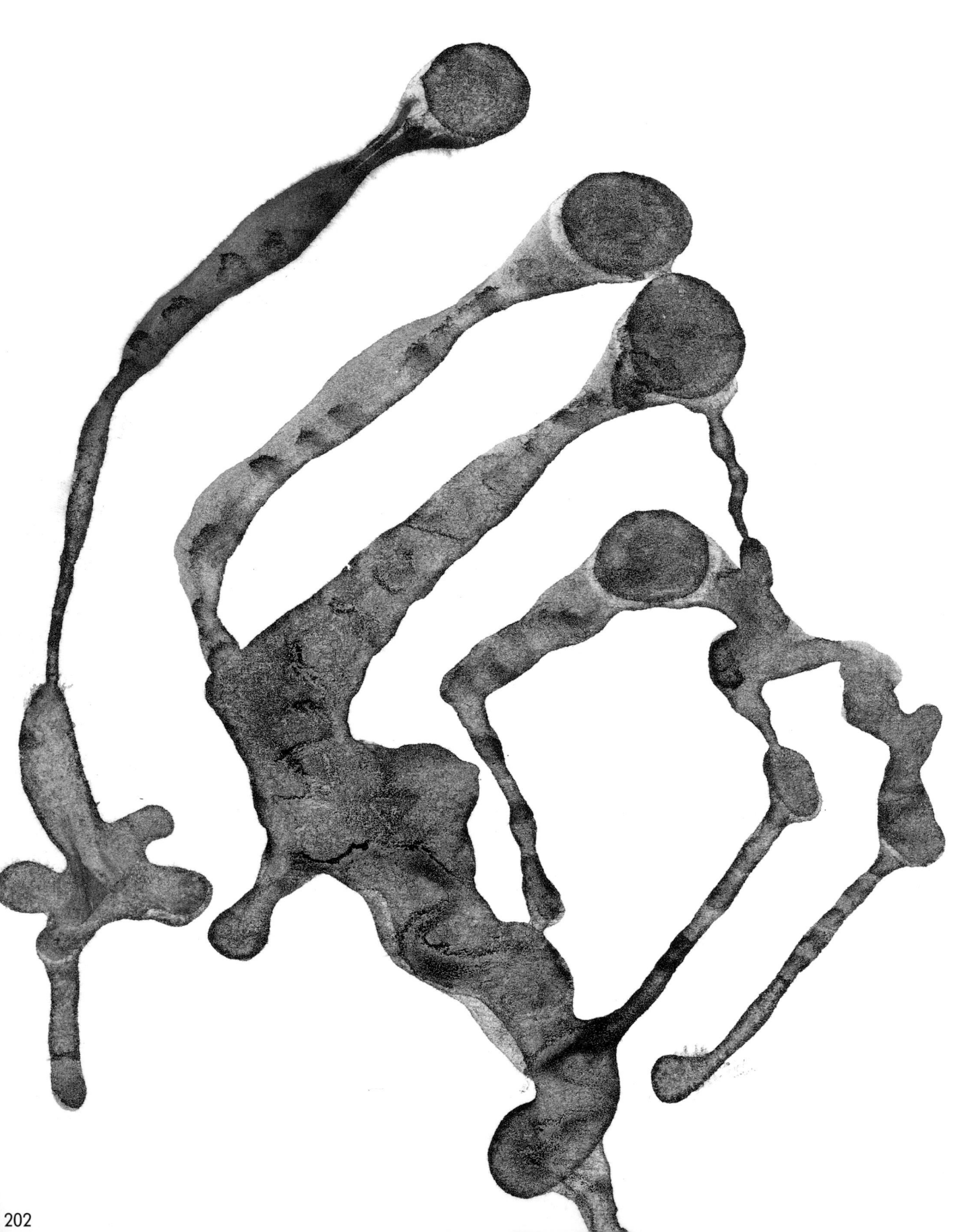

MICHAEL VETTER
BIBLIOGRAPHIE – DISCOGRAPHIE

(* = vergriffen; MS = nicht veröffentlicht; PD = Privat-Druck)

Noten

1967 FIGURATIONEN III – für ein beliebiges Instrument (Moeck)
1968 REZITATIVE – für einen Blockflötisten (Moeck)
1968 FELDER II – musikalisches Projekt für Kinder (Moeck)
1979 HÖR-SPIELE I–VI – Anleitungen zu instrumentaler und vokaler Improvisation (I.: Zwei Linien; II.: Drei Linien; III.: Pausen; IV.: Zwischenräume; V.: Variationen; VI.: Rhythmusgruppen) (Universal Edition)
1982 WIENER BLOCKFLÖTENSCHULE I–X (Universal Edition)

Bücher

1969 IL FLAUTO DOLCE ED ACERBO (Moeck*)
1973 LINIENSPIEL – grafische Musik (Klett/UE*)
LIEBESSPIELE – musikalische Konzepte und Fotoessays (Klett/UE*)
HANDBEWEGUNGEN I/II – ein Roman ohne Worte (Klett/UE*)
SCHREIBSPIELE ohne Worte (Klett/UE*)
1975 COSMIC COMIC – das Märchen von der Linie, die auszog, das Ziehen zu lernen (Landesmuseum Münster*)
1981 SHIJIMA NO OTO („Des Schweigens Ton") (Asahi)
ZEN – Konzepte zur Zukunft der Künste (MS)
DAS ELDINGER KURSBUCH – Konzepte für eine Atem-Schule (MS)
1987 WENN HIMMEL UND ERDE SICH WIEDER VEREINEN – Gedanken, Meditationen, Übungen und Tusche-Zeichnungen zum Weg der Stimme (Integral)
1988 SEINSERFAHRUNG – Das Buch von der Liebe zum Leben
Texte, Fotos und Malereien (Bauer)
LEBENS-KUNST – eine Psychologie der Seinserfahrung (MS)

Schallplatten/Compact Discs/Cassetten (LP/MC/CD)

1971 INFORMATIONEN – eine experimentelle Musik-Stunde für Kinder (Klett*) – LP
1973 SCHWEBUNGEN/ÜBUNG (Klett/UE*) – LP
ZWISCHENRÄUME/STIMMEN (Klett/UE*) – LP
1975 GESPRÄCHE OHNE WORTE – mit Kindern (Klett/UE*) – LP
KLANGSZENEN – mit Kindern (Klett/UE*) – LP
1983 OVERTONES/TAMBURA-MEDITATIONEN (Wergo) – Doppel-LP/MC/CD
PRO-VOCATIONES/TAMBURA-PRELUDES (Wergo) – Doppel-LP/MC
1985 MISSA UNIVERSALIS (Obertonmesse) (Wergo) – LP/MC/CD
1986 ZEN-MUSIK I: Zen-Koto (Wergo) – LP
ZEN-MUSIK II: Zen-Gong (Wergo) – LP
ZEN-MUSIK III: Zen-Glocken (Wergo) – LP
1987 ZEN-MUSIK IV: Zen-Klavier (Wergo) – LP
ZEN-MUSIK V: Zen-Flöte (Wergo) – LP
ZEN-MUSIK VI: Zen-Tambura (Wergo) – LP
DIE OBERTONSCHULE I–III – Meditationen zum Hören und Mitüben (Wergo):
 DER ATEM – (Oberton-Schule Band I) – MC + Buch
 OM – (Oberton-Schule Band II) – MC + Buch
 BIRD – (Oberton-Schule Band III) – MC + Buch
1988 LIEBES-LIED – Obertöne in der Kathedrale von Senanque (Wergo) – MC/CD
GESÄNGE DER NACHT – Obertöne in der Kathedrale von Thoronet (Wergo) – MC/CD

Kunstmappen

1984 ZEN-KREISE – 24 Tusch-Malereien (PD)
ZUFÄLLE – 24 Tusch-Malereien (PD)

Videos

1987 DER SELBST-VERSUCH – Anekdoten um das Werden des Seins, aus eigener Erfahrung (Vortrag im Curriculum transpersonale, auch als MC erhältlich)

(Werke von Michael Vetter, auch vergriffene oder nicht publizierte, können über Ulla Littan, 7822 Ober-Ibach 59, bezogen werden)

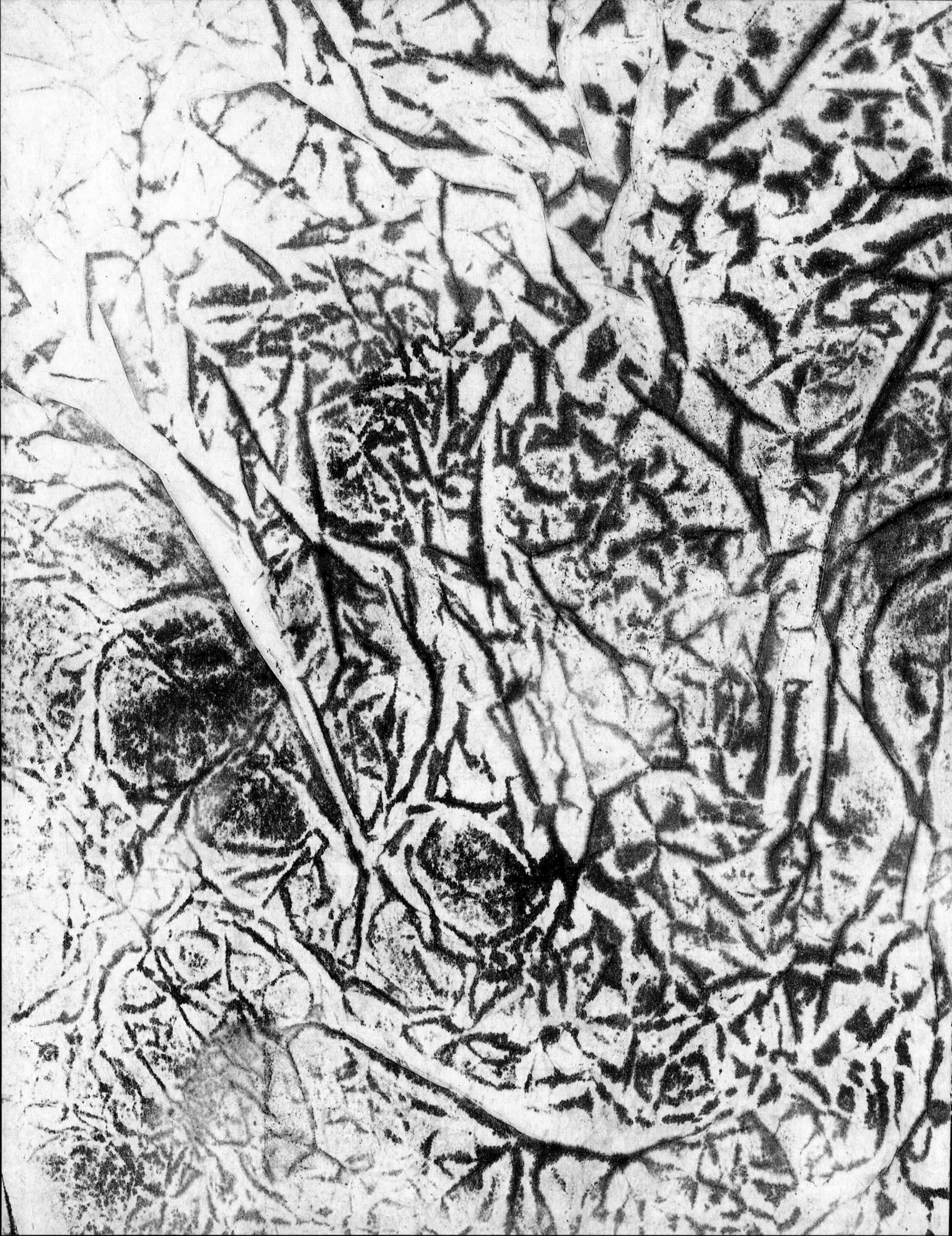